わかりやすい

電子提供制度と株主総会の実務

三井住友信託銀行
ガバナンスコンサルティング部 編

商事法務

はしがき

　近時、AIに代表されるデジタル技術は日々進展しており、スマートフォンやWEB会議システムを活用した商品・サービスの提供等は枚挙に暇がありません。

　株主総会の電子化は、インターネットを利用した招集通知や議決権行使が始まりであり、インターネット普及後の早い段階である2001年の法改正で行われました。しかしながら、これらがすぐに活用されたかというと必ずしもそうではありません。インターネットを利用した議決権行使は、スマートフォンが普及し、QRコードから議決権行使サイトに容易にアクセスできるようになって広く活用されるようになりました。インターネットを利用した招集通知は、利用に当たり株主の承諾が前提となり、株主の利用開始前の手続きが煩雑で、現在までほとんど活用されていませんでした。

　このような状況を踏まえて、2019年の法改正により株主総会資料の電子提供制度が導入されました。この制度は、原則としてすべての株主に対して、株主総会の開催日時・場所・議題等の必要最小限の情報を書面で通知し、事業の状況や、計算書類、議案の内容等は、当該通知に記載されたURLやQRコードでアクセスして見読するようにするものです。インターネットを利用することができない方は、株主総会資料を書面で交付することを請求できるようになっています。テクノロジーの進歩は、株主総会の在り方を変えていきますが、変化の途上においては、何らかの理由でテクノロジーの利用が困難な方々が大きな不便を感じるのことのない制度としていくことも重要です。

　株主総会資料の電子提供制度に基づく株主総会は、2023年3月からスタートし、この制度はすべての上場会社に適用されています。紙面による招集通知が前提でない株主総会では、従前紙幅の制限で掲載されていなかった情報を充実させたり、株主総会会場ではスライドやナレーションによる説明

が今まで以上に充実していくことが考えられます。また、株主には株主総会資料をデジタルで閲覧してもらうだけでなく、続けてデジタルで議決権行使を行ってもらうことやウェブ上から事前質問をしてもらうことを可能にする等株主の利便性を考えて株主総会のデジタル化を更に進展していくことが考えられます。

　本書は、初めて株主総会実務に携わられる方を念頭に、株主総会の基本事項や近時の傾向を踏まえながら株主総会資料の電子提供制度の取扱いについて説明するものです。本書が株主総会資料の電子提供制度を踏まえた株主総会運営の参考となれば幸いです。

　最後に、本書の出版に多大なご協力をいただいた株式会社商事法務の浅沼亨氏に心より厚く御礼申し上げます。

　2024年1月
　　　　　三井住友信託銀行　フェロー役員　ガバナンスコンサルティング部長
　　　　　　　　　　　　　　　　　　　　　　　　茂木　美樹

CONTENTS

一口メモ

凡　例

●法令等略語

会	会社法
令	会社法施行令
施規	会社法施行規則
計規	会社計算規則
上場規程	東京証券取引所有価証券上場規程
上場規程施規	東京証券取引所有価証券上場規程施行規則
ＣＧコード	コーポレートガバナンス・コード
産競	産業競争力強化法
整備	会社法の一部を改正する法律の施行に伴う関係法律の整備等に関する法律
振替	社債、株式等の振替に関する法律

●文献等略語

2020総会白書　商事法務研究会編「株主総会白書2020年版──新型コロナと株主総会」商事法務2256号（2021年）

2021総会白書　商事法務研究会編「株主総会白書2021年版──会社法改正・ＣＧコード改訂と新型コロナの影響」商事法務2280号（2021年）

2022総会白書　商事法務研究会編「株主総会白書2022年版──コロナ後・制度改正後の株主総会の兆し」商事法務2312号（2022年）

2023総会白書　商事法務研究会編「株主総会白書2023年版──電子提供制度の施行を迎えて」商事法務2344号（2023年）

2023議決権行使助言基準　Institutional Shareholder Services「2023年版日本向け議決権行使助言基準」(https://www.issgovernance.com/file/policy/2023/asiapacific/Japan-Voting-Guidelines-Japanese.pdf?v=1)

相澤＝郡谷・新会社法解説(1)　相澤哲＝郡谷大輔「新会社法関係法務省令の解説(1) 会社法施行規則の総論等」商事法務1759号４頁（2006年）

ICJウェブサイト・お申込み手順　ICJウェブサイト「お申込み手順」(https://www.icj.co.jp/service/platform/flow/)

アンケート回答　当社グループ証券代行受託会社の2023年６月株主総会向けアン

ケート回答

アンケート回答結果　当社グループ証券代行受託会社のアンケート結果

意見募集結果　「会社法の改正に伴う法務省関係政令及び会社法施行規則等の改正に関する意見募集の結果について」（https://public-comment.e-gov.go.jp/servlet/PcmFileDownload?seqNo=0000209867）

一問一答　竹林俊憲編著『一問一答 令和元年改正会社法』（商事法務、2020年）

伊藤＝高原　伊藤靖史＝高原知明「ビジネス・コート開庁記念特集 会議体としての株主総会の現状と将来──理論と実務の対話」商事法務2311号26頁（2022年）

稲葉ほか・議事録作成　稲葉威雄ほか『取締役会・株主総会議事録作成の実務』（商事法務研究会、1983年）

江頭・会社法　江頭憲治郎『株式会社法〔第8版〕』（有斐閣、2021年）

大阪株懇（1・上）　大阪株式懇談会編 前田雅弘＝北村雅史著『会社法 実務問答集Ⅰ（上）』（商事法務、2017年）

大阪株懇(2)　大阪株式懇談会編 前田雅弘＝北村雅史著『会社法 実務問答集Ⅱ』（商事法務、2018年）

大阪株懇(3)　大阪株式懇談会編 前田雅弘＝北村雅史著『会社法 実務問答集Ⅲ』（商事法務、2019年）

会社法コンメ(7)　岩原紳作編『会社法コンメンタール7　機関(1)』（商事法務、2013年）

会社法コンメ(10)　江頭憲治郎＝弥永真生編『会社法コンメンタール10　計算等(1)』（商事法務、2011年）

会社法コンメ(19)　岩原紳作編『会社法コンメンタール19　外国会社・雑則(1)』（商事法務、2021年）

会社法制研究会議事要旨　公益社団法人商事法務研究会「会社法制に関する研究会」第1回議事要旨（https://www.shojihomu.or.jp/public/library/323/1yoshi.pdf）

神田ほか・座談会　神田秀樹ほか「座談会 令和元年改正会社法の考え方」商事法務2230号6頁（2020年）

議決権電子行使プラットフォーム等の運営　日本取引所グループウェブサイト「議決権電子行使プラットフォーム等の運営・議決権電子行使プラットフォーム」（https://www.jpx.co.jp/equities/improvements/voting-platform/index.html）

議事録作成ガイドブック　三井住友信託銀行ガバナンスコンサルティング部編『株主総会 取締役会 監査役会の議事録作成ガイドブック〔第3版〕』（商事法務、2022年）

北村ほか・座談会Ⅰ　北村雅史ほか「座談会 会社法における会議体とそのあり方〔Ⅰ〕──株主総会編」商事法務2326号6頁（2023年）

北村ほか・座談会Ⅴ　北村雅史ほか「座談会 会社法における会議体とそのあり方
〔Ⅴ・完〕──株主総会編」商事法務2330号42頁（2023年）

倉橋・新しい株主総会シナリオ　倉橋雄作「ＷＥＢ時代における新しい株主総会
シナリオ──コンテンツとしての価値を意識した議事運営へ」商事法務2260号
27頁（2021年）

経済産業省・在り方研究会報告書　経済産業省「新時代の株主総会プロセスの在
り方研究会 報告書」（2020年7月22日）（https://www.meti.go.jp/shingikai/economy/
shin_sokai_process/pdf/20200722_1.pdf）

経済産業省・今後の企業法制　経済産業省「今後の企業法制の在り方について」
（2010年6月23日）（https://warp.da.ndl.go.jp/info:ndljp/pid/8422823/www.meti.go.jp/
press/20100623008/20100623008-3.pdf）

経済産業省・実施ガイド　経済産業省「ハイブリッド型バーチャル株主総会の実施
ガイド」（2020年2月26日策定）「経済産業省・在り方研究会報告書」巻末参考資料

経済産業省・電子化促進研究会報告書　経済産業省「株主総会プロセスの電子化
促進等に関する研究会 報告書 ～対話先進国の実現に向けて～」（2016年4月21
日）（https://warp.da.ndl.go.jp/info:ndljp/pid/9999276/www.meti.go.jp/committee/kenkyukai/
sansei/kabunushisoukai_process/pdf/report01_04_00.pdf）

経済産業省・バーチャルオンリー　経済産業省「場所の定めのない株主総会
（バーチャルオンリー株主総会）に関する制度」（https://www.meti.go.jp/policy/
economy/keiei_innovation/keizaihousei/virtual-only-shareholders-meeting.html）

郡谷・平成13年改正解説〔Ⅹ〕　郡谷大輔「平成13年改正商法（11月改正）の解
説〔Ⅹ〕──株式制度の改善・会社関係書類の電子化等」商事法務1663号33頁
（2003年）

郡谷・平成13年改正解説〔ⅩⅠ・完〕　郡谷大輔「平成13年改正商法（11月改正）
の解説〔ⅩⅠ・完〕──株式制度の改善・会社関係書類の電子化等」商事法務
1664号35頁（2003年）

小林・省令解説　小林雄介ほか「会社法施行規則等の一部を改正する省令の解説
──令和4年法務省令第43号」商事法務2316号4頁（2023年）

澤口＝近澤・バーチャル総会　澤口実＝近澤諒編著『バーチャル株主総会の実務
〔第2版〕』（商事法務、2021年）

証券保管振替機構・振替制度参加手続　証券保管振替機構「株式等振替制度参加
手続きに係る届出書類の提出及び記載要領（発行者）〈株式用〉」（2023年9月）
（https://www.jasdec.com/assets/download/ds/kisaiyouryou_kabu.pdf）

資料版商事2023年6月概況　資料版商事法務2023年7月号（472号）108頁「株主
総会概況──2023年6月総会2,338社」（2023年）

新総会ガイドライン　東京弁護士会会社法部編『新・株主総会ガイドライン〔第2版〕』（商事法務、2015年）

〔新訂3版〕総会ハンドブック　商事法務研究会編『〔新訂第三版〕株主総会ハンドブック』448頁（商事法務研究会、2000年）

新版注釈会社法(5)　上柳克郎ほか編集代表『新版注釈会社法(5) 株式会社の機関(1)』（有斐閣、1986年）

全株懇・2023年調査報告　全国株懇連合会『2023年度全株懇調査報告書～株主総会等に関する実態調査集計表～』（2023年10月）

全株懇・電子提供　全国株懇連合会『第77回全株懇定時会員総会第1分科会審議事項 電子提供制度の実務対応』（2022年10月）

全株懇・モデル改正　全国株懇連合会「株主総会資料の電子提供制度に係る株式取扱規程モデルの改正について」（2022年4月8日）

総会運営Q＆A　経済産業省＝法務省「株主総会運営に係るQ＆A」（2023年3月30日最終更新）（https://www.meti.go.jp/covid-19/kabunushi_sokai_qa.html）

総務省・インターネット普及率　総務省「個人のインターネット利用状況の推移」（https://www.soumu.go.jp/johotsusintokei/field/data/gt010101.xls）

総務省・令和4年通信利用動向　総務省「令和4年通信利用動向調査の結果」（2023年5月29日）（https://www.soumu.go.jp/johotsusintokei/statistics/data/230529_1.pdf）別添1・2

竹林ほか・解説　竹林俊憲ほか「令和元年改正会社法の解説〔Ⅰ〕」商事法務2222号4頁（2020年）

辰巳・採決手続の省略　辰巳郁「実務問答第60回 株主総会における採決手続の省略」商事法務2288号57頁（2022年）

田中・総会運営Q＆A　田中亘「会議体としての株主総会のゆくえ──『株主総会運営に係るQ＆A』の法解釈と将来の展望」企業会計72巻6号41頁（2020年）

逐条解説会社法(4)　酒巻俊雄＝龍田節編集代表『逐条解説会社法　第4巻 機関・1』（中央経済社、2008年）

逐条解説会社法(9)　酒巻俊雄＝龍田節編集代表『逐条解説会社法　第9巻 外国会社・雑則・罰則』（中央経済社、2016年）

中間試案補足説明　法務省民事局参事官室「会社法制（企業統治等関係）の見直しに関する中間試案の補足説明」（2018年2月）（https://www.moj.go.jp/content/001252002.pdf）

塚本・ウェブ開示　塚本英巨「ウェブ開示の対象を拡大する特例措置に係る法務省令改正の概要」商事法務2231号35頁（2020年）

塚本・電子提供制度　塚本英巨「2023年株主総会の実務対応(1)　株主総会資料の

電子提供制度適用下の株主総会——スケジュールと対応の要点」商事法務2309
号 4 頁（2022年）

塚本＝中川・電子提供　塚本英巨＝中川雅博『株主総会資料電子提供の法務と実
務』（商事法務、2021年）

定時総会集中日　日本取引所グループウェブサイト「3 月期決算会社株主総会情
報 定時株主総会集中日」（https://www.jpx.co.jp/listing/event-schedules/shareholders-
mtg/index.html）

デジタル株主総会　太田洋＝野澤大和＝三井住友信託銀行ガバナンスコンサル
ティング部編著『デジタル株主総会の法的論点と実務』（商事法務、2023年）

電子化研究会検討結果　商事法の電子化に関する研究会（電子提供措置事項貴記
載書面）「商事法の電子化に関する研究会（電子提供措置事項貴記載書面）にお
ける検討の結果について」（2022年 8 月）（https://www.shojihomu.or.jp/public/
library/278/report.pdf）

東証・ウェブサイト利用時留意点　日本取引所グループウェブサイト（https://faq.
jpx.co.jp/disclo/tse/web/knowledge8459.html）掲載資料「株主総会資料の電子提供
措置における東証ウェブサイト利用時の留意点」

東証・独立役員確保　東京証券取引所「独立役員の確保に係る実務上の留意事項
（2022年 9 月改訂版）」　（https://www.jpx.co.jp/equities/listing/ind-executive/tvdivq
0000008o74-att/nlsgeu000006lplx.pdf）

東証ほか・2022株式分布　東京証券取引所ほか「2022年度株式分布状況調査の調
査結果について」（2023年 7 月 6 日）（https://www.jpx.co.jp/markets/statistics-equities/
examination/aocfb40000001ut8-att/j-bunpu2022.pdf）

日証協リーフレット　日本証券業協会「会社法改正により 株主総会資料が原則
ウェブサイトで電子提供されます」（https://www.jsda.or.jp/shijyo/minasama/content/
leaflet220311.pdf）

日本経済再生本部　日本経済再生本部「産業競争力の強化に関する実行計画
（2018年版）」（2018年 2 月 6 日）（https://www.kantei.go.jp/jp/singi/keizaisaisei/pdf/
keikaku_honbun_180206.pdf）

場所の定めのない総会Q＆A　経済産業省＝法務省「産業競争力強化法に基づく場
所の定めのない株主総会に関するQ&A」（2021年 6 月16日）（https://www.meti.
go.jp/policy/economy/keiei_innovation/keizaihousei/virtual-only-shareholders-
meeting_qa.pdf）

藤田ほか・改正会社法セミナー（ 4 回）　藤田友敬ほか「［新・改正会社法セミ
ナー 令和元年・平成26年改正の検討 第 4 回］企業集団・株主総会(1)」ジュリス
ト1560号44頁（2021年）

プラットフォームの運営等　日本取引所グループウェブサイト「議決権電子行使プラットフォーム等の運営・サービスの概要」（https://www.jpx.co.jp/equities/improvements/voting-platform/02.html）

邉・実務対応　邉英基「令和元年改正会社法の実務対応⑴ 株主総会資料の電子提供制度への実務対応」商事法務2230号46頁（2020年）

法務局・電子提供制度登記　岡山地方法務局「株主総会資料の電子提供制度に関する登記について」（https://houmukyoku.moj.go.jp/okayama/page000001_00196.pdf）

法務省パンフレット（令和４年９月施行部分）　法務省「上場会社の株主総会資料は、ウェブサイトへの掲載等の方法によって提供されることになります」（https://www.moj.go.jp/content/001370229.pdf）

松尾＝中川・総会将来展望　松尾健一＝中川雅博（聞き手）「『〈座談会〉株主総会実務の将来展望』を読んで⑵──研究者へのインタビュー」商事法務2324号9頁（2023年）

弥永・施規コンメ　弥永真生『コンメンタール 会社法施行規則・電子公告規則〔第３版〕』（商事法務、2021年）

論点解説　相澤哲ほか編著『論点解説 新・会社法』（商事法務、2006年）

渡辺・考え方　渡辺邦広「新型コロナウイルスと『総会開催』の考え方⑶『株主総会運営に係るQ&A』のポイントと実務に与える示唆」商事法務2230号62頁（2020年）

渡辺・定款変更議案　渡辺邦弘「2022年株主総会の実務対応⑵ 2022年定時総会における定款変更議案に関する実務上の留意点」商事法務2285号48頁（2022年）

渡辺ほかQ&A⑵　渡辺邦広ほか「株主総会資料電子提供制度の実務対応Q&A⑵──各論１」商事法務2302号82頁（2022年）

渡辺ほかQ&A⑶　渡辺邦広ほか「株主総会資料電子提供制度の実務対応Q&A⑶──各論２」商事法務2304号40頁（2022年）

渡辺ほかQ&A⑷　渡辺邦広ほか「株主総会資料電子提供制度の実務対応Q&A⑷──各論３」商事法務2306号49頁（2022年）

渡辺ほかQ&A⑸　渡辺邦広ほか「株主総会資料電子提供制度の実務対応 Q & A ⑸──各論４」商事法務2307号94頁（2022年）

渡辺ほか・省令解説　渡辺諭ほか「会社法施行規則等の一部を改正する省令の解説〔Ⅴ・完〕──令和２年法務省令52号」商事法務2254号14頁（2021年）

●その他

本書では「QRコード」と記載している箇所がありますが、「QRコード」は株式会社デンソーウェーブの登録商標です。

第1章 | 株主総会資料の電子提供制度の概要

1 制度の概要

(1) 電子提供制度導入の意義

　株主総会を開催するには、日時、場所、会議の目的事項等を記載した招集通知を通知するほか、株主総会に付議される議案の内容を記載した株主総会参考書類、決算に際して開催される定時株主総会であれば、事業の状況等を記載した事業報告、計算書類およびこれらの監査報告・会計監査報告ならびに連結計算書類を株主に提供する必要があります。

　従来は、これらの書類は原則すべて書面で交付していたので、書面に記載できる情報量には限界があり、株主に対して十分な内容を提供することができないのではないかとの指摘がありました。また、書面で交付するためには、これを印刷・封入・発送する作業が必要になり、その分、書面を交付する時期は後になるところ、株主総会は通常期末等の基準日から3か月以内（たとえば3月末決算であれば6月末まで）に開催しなければならないことから後ろ倒しはできないので、株主が議案を検討できる期間が十分ではないとの指摘もなされていました。

　このような中、2018年の政府の成長戦略における実行計画の中で、グローバルな観点から最も望ましい対話環境の整備を図るべく、引き続き、株主総会の招集通知や議決権行使プロセス全体の電子化、株主総会の日程や基準日を国際的にみて合理的かつ適切に設定するための環境整備の取組みを進め、対話型株主総会プロセスの実現を目指すための方策の1つとして、令和元年改正会社法において導入されたのが株主総会資料の電子提供制度です

（日本経済再生本部11頁）。

　この制度では、定款の定めに基づき、取締役が株主総会資料の内容である情報等を自社のホームページ等のウェブサイトに掲載し、株主に対し当該ウェブサイトのアドレス等を株主総会招集通知に記載して通知した場合は、株主に対して株主総会資料を適法に提供したものとなります。

　したがって、株主総会を開催するにあたって提供される資料を、書面でなく、インターネット上のウェブサイトに掲載することによって提供することになるので、ウェブサイトには掲載する情報量に制約はなく、提供する情報の充実化を図ることができます。また、発送するために要する作業やその期間が省略化できるので、その分株主の議案の検討期間が確保され、ひいては、議決権行使の促進に資することになります。

　加えて、近時の環境問題への意識の高まりを考慮すると、紙資源の利用削減を図ることは、一般の理解を得やすくなっているという点もあります。この点に関しては、たとえば、各種サービスで、インターネットメールでの通知を推進するために、紙で通知する場合は有料化することもよく見られる状況にあることを想起していただければと思います。

　なお、前述のとおり、電子提供制度は、対話型株主総会プロセスの実現を目指すためのものとされていますが、対話型株主総会プロセスについては、経済産業省の研究会の中では、次のように考えられています。すなわち、年間を通じた意思決定のための一連のプロセスを株主総会プロセスとして、特に機関投資家との対話を建設的で実質的なものにするための環境整備、具体的には、株主総会開催日の分散化や株主総会資料の公表早期化、議決権行使の電子化等の取組みを進めることが挙げられます。また、株主総会当日の会議体としての側面としては、新たに、株主が物理的な会場に出席するのではなく、オンラインで参加・出席するバーチャル株主総会が導入されるに際して、当該株主総会における審議や採決の在り方が議論されるようになっていることが挙げられます（経済産業省・在り方研究会報告書3頁）。

　このようなことを踏まえると、電子提供制度は、ただ、株主総会資料をウェブサイトに掲載することに留まるのではなく、インターネットやデジタル技術を活用し、株主からの事前質問の受付け、株主がオンラインで参加す

るバーチャル株主総会、議決権行使の電子行使促進等と併せて利用していくことで、株主総会全体の運営全体をデジタル化させ、ひいては株主・投資家との対話を充実化させていくことも電子提供制度を導入する意図の中にはあるように思われます。詳細は第9章（p.135）を参照して下さい。

(2)　電子提供制度とは

　株主総会を開催するためには、開催日時、開催場所および会議の目的事項等を事前に株主に通知する必要があり（会299）、当該通知を実務上招集通知といいます。

　また、書面により議決権を行使する場合（「書面投票」といいます）やインターネット等の電磁的方法により議決権を行使する場合（「電子投票」といいます）、招集通知とともに議案の内容を記載する株主総会参考書類（書面投票の場合は議決権行使書面も含まれます）を交付するほか（会301・302）、通常事業年度終了後3か月以内に開催される定時株主総会の場合は、招集通知とともに、計算書類および事業報告（監査報告または会計監査報告を含みます）ならびに連結計算書類を交付することになります（会437・444Ⅵ）。

　株主総会資料の電子提供制度とは、株主に対してこれまで書面により交付していた株主総会資料を、書面の交付によるのではなく、自社ホームページ等のウェブサイトに掲載し、株主はこれを閲覧することによりこれらの書類の情報を提供するものです。これらを閲覧するには、当該ウェブサイトにアクセスするためのアドレスを知る必要がありますが、開催日時、開催場所および会議の目的事項等のほか当該ウェブサイトのアドレスを記載した招集通知（これを実務上「アクセス通知」といいます）を株主に発送することで（会325の4、施規95の3）、これらの情報にアクセスすることが可能となります。

　なお、株主は、会社に対して、インターネット上のウェブサイトに掲載される株主総会資料を書面で交付することが請求できるようになっています（会325の5）。電子提供制度を採用した会社においては、当該ウェブサイトへの掲載による提供が強制されますが、インターネットを利用することができない株主は、書面交付請求を行うことによって書面の交付を受け、必要な情報を入手することができますので、これにより、デジタルデバイドの問題に

対応しています。詳細は第 7 章（p.97）を参照して下さい。

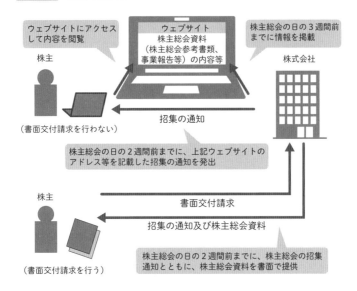

図表1-1　制度の仕組み

（出所）法務省パンフレット（令和 4 年 9 月施行部分）を基に作成。

用語解説 │ 株主総会資料、株主総会参考書類等、電子提供措置事項

　　「株主総会資料」は、令和元年改正会社法の内容を検討した法務省の諮問機関である法制審議会において用いられていた用語で、取締役が一定の場合に株主総会の招集の通知に際して提供しなければならない資料である株主総会参考書類，議決権行使書面，計算書類および事業報告（監査報告および会計監査報告を含みます）ならびに連結計算書類を指します。

　　令和元年改正会社法では、上記の書類を表すものとして「株主総会参考書類等」という用語が定義されています（会325の 2 柱書）。したがって、電子提供制度において、上記の書類を総称する用語としては、「株主総会資料」ではなく「株主総会参考書類等」が正式なものということになります。しかしながら、改正検

討時には「株主総会資料」であったため、これを用いて説明しているものも少なくありません。いずれにせよ、両者は同じ内容であり、改正検討時のものか、会社法上の用語かの違いということになります。

同様の内容を指す用語ではありますが、「電子提供措置事項」はこれらとはやや異なります。

まず、「株主総会資料」「株主総会参考書類等」は、招集通知とともに提供する書類を意味しますが、「電子提供措置事項」は、インターネット上のウェブサイトに掲載する情報の対象となる事項を意味しています。次に、招集決定事項（会325の3 I ①）や修正時の事項（同項⑦）は「電子提供措置事項」に含まれますが（p.68）、「株主総会資料」「株主総会参考書類等」には含まれないので、その範囲も異なります。

おおよその理解としては、「株主総会資料」「株主総会参考書類等」は招集通知とともに提供する書類、「電子提供措置事項」はウェブサイトに掲載される株主総会開催のために必要なすべての情報と整理しておくことでよいでしょう。

電子提供制度は、令和元年の改正会社法により導入されました。

電子提供制度にかかる改正会社法の施行日は2022年9月1日でしたが、施行日時点で上場していた会社の場合、株主に書面交付請求のために少なくとも3か月の準備期間を与えた後に制度が開始されるように（邉・実務対応53頁）、施行日から6か月を経過した日以降に開催される株主総会から制度が適用される形の経過措置が設けられたので、事実上、2023年3月開催の株主総会から、電子提供制度が開始されています。

電子提供制度を利用するには、電子提供措置をとる旨の定款の定めが必要となります（会325の2）。当該定款の定めを必要とする理由は、株主の利益を保護し、将来株主となる者を拘束するためと説明されています（竹林ほか・解説6頁）。

上場会社（厳密には証券会社の口座に記録され取引される株式である振替株式を発行する会社）は、当該定款の定めを置くことが義務付けられていますが（振替159の2 I）、施行日である2022年9月1日において、上場会社である場合は、施行日を効力発生日として電子提供措置をとる旨の定款の変更の決議を

5

したものとみなされています（みなし定款変更）ので、株主総会で定款変更決議を行わなくても、電子提供制度が適用されることになっていました。

　もっとも、従来から、定款の変更決議をしたものとみなされていても、実際に株主総会において定款変更決議を行う取扱いが一般的であることに加えて、書面交付請求をした株主に対して交付する書面に一定の事項（たとえば、計算書類の注記表や事業報告の内部統制システム）を記載しないこととするための定款の定め（会325の5Ⅲ）は、上記のような定款の変更の決議をしたものとみなされる取扱いはなく、制度が適用される最初の株主総会（2023年3月以降最初に開催される株主総会）から上記記載をしないこととするためには、事前に当該定款の定めを置く必要があったため（渡辺・定款変更議案49〜50頁）、ほとんどの会社は、制度開始前に電子提供措置をとる旨の定款の定めと、書面交付請求をした株主に対して交付する書面に一定の事項を記載しないこととするための定款の定めを置くための株主総会の定款変更決議を行っています。

(3)　電子提供制度と従来の制度との違い

　従来の制度は、原則として、株主総会の日の2週間前までに、書面で招集通知を発送する必要があり（会299Ⅰ・Ⅱ）、招集通知とともに、書面で株主総会参考書類等を交付することになりますので、発送前に招集通知や株主総会参考書類等を印刷し、封入する期間（株主数等にもよりますが、おおむね2週間程度）や負担を要していました。

　定款の定めに基づき、株主総会参考書類や、事業報告、計算書類、連結計算書類の一部または全部を自社ホームページ等のウェブサイトに掲載して提供する制度（「インターネットによるみなし提供制度」、「ウェブ開示制度」等と称します）がありますが（施規94・133Ⅲ〜Ⅴ、計規133Ⅳ〜Ⅵ・134Ⅴ〜Ⅶ）、ウェブサイトの掲載に代えることができる事項は、計算書類の注記表や、事業報告の内部統制システム等一部の事項に留まりますので、前述の印刷、封入にかかる期間や負担を完全に解消するものではありません。

　これに対して、電子提供制度は、株主総会の開催日時、開催場所、会議の目的事項等、電子提供措置事項を掲載するウェブサイトのアドレスを記載し

たアクセス通知のみ印刷・封入し、発送する必要がありますが、それ以外の株主総会参考書類等は印刷等する必要がありません。実際、招集通知の作成上負担がかかるのは、議案の内容を記載する株主総会参考書類や、事業・財務状況等を記載する事業報告、計算書類ですので、これらすべてを書面でなくウェブサイトに掲載して提供することになる電子提供制度は、従来の制度で要していた印刷等にかかる期間や負担を相当程度解消することになります。

また、電子提供措置事項は、株主総会の日の3週間前の日（またはアクセス通知の発送日が株主総会の日の3週間前の日よりも早い日である場合は当該発送日。これを「電子提供措置開始日」といいます）までに、自社ホームページ等のウェブサイトに掲載する必要がありますが（会325の3Ⅰ柱書）、これらの事項は前述のとおり印刷等を行う必要がないので、従来これらに要した期間（株主数等にもよりますが、発送前のおおむね2週間程度）を考慮すると、対応可能な期限と考えられます。

また、従来の制度よりも早期に株主総会資料の提供が義務付けられますので、当該資料の早期提供を望む投資家の声にも応えられることになります。

なお、電子提供措置事項は、電子提供措置開始日から株主総会の日後3か月を経過する日までの間（これを「電子提供措置期間」といいます）、自社ホームページ等のウェブサイトに掲載（電子提供措置）をし続ける必要があります

図表1-2　電子提供制度と従来の制度との比較

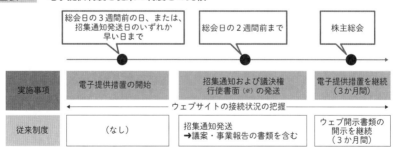

（※）議決権行使書面が交付されるときは、議決権行使書面の記載事項に係る情報について電子提供措置をとることを要しません（会325の3Ⅱ）。議決権行使比率低下の懸念への対応として認められた特例です。議決権行使書面に記載する事項は株主ごとに異なること（氏名、議決権の数等。施規66Ⅰ）等から、特別な認証システムがない限り、自社ホームページのみで提供することは困難と考えられます。このため、制度開始後も、当面は議決権行使書面を交付する対応がなされています。

（会325の3Ⅰ柱書）。従来からの制度である、インターネットによるみなし提供制度においても、同様の措置が講じられていますが（施規94Ⅰ柱書・133Ⅲ柱書、計規133Ⅳ・134Ⅴ）、法律上、電子提供制度においては、その対象は株主総会参考書類等を含めた招集通知全体が対象となっているのに対し、インターネットによるみなし提供制度では、ウェブサイトに掲載して提供した事項（計算書類の注記表や、事業報告の内部統制システム等一部の事項等）のみが対象となりますので、ウェブサイトに掲載する範囲も異なるものになっています。

⑷　電子提供措置とは

　電子提供措置とは、電磁的方法により株主が情報の提供を受けることができる状態に置く措置であって法務省令で定めるものとされていますが（会325の2柱書）、具体的には、インターネット上のウェブサイトに掲載する方法になります（施規95の2）（渡辺ほか・省令解説16頁）。

　電子提供措置をとるウェブサイトは、自社ホームページのウェブサイトがまず考えられますが、掲載するウェブサイトの数は限定されていませんので（一問一答44頁）、複数のサイトを電子提供措置をとるウェブサイトとし、あるサイトが閲覧できない等の状況が発生しても、他のサイトが閲覧できるのであれば、招集手続の瑕疵になりうる電子提供措置の中断に該当しないことから、複数のウェブサイトを使用する例がほとんどです。

　この点、東京証券取引所は、電子提供措置をとるにあたり、投資者の利便性向上のために提供している東京証券取引所のウェブサイトを上場会社各社の自社ウェブサイト等のバックアップとして補助的に利用することを前提に、縦覧書類として株主総会資料を掲載している当該サイトを電子提供措置をとる媒体の一つとして利用することも考えられるとしているので（東証・ウェブサイト利用時留意点1頁）、自社ホームページのウェブサイト以外のサイトとしては、証券取引所のウェブサイトを利用する例が多くなっています。

　また、電子提供措置は、「電磁的方法により株主が情報の提供を受けることができる状態に置く措置」と定義されていますので（会325の2柱書）、パスワードを要求するなどして、株主のみが情報の提供を受けることができるような状態に置くこともできるとされています（竹林ほか・解説6頁、一問一答16頁）。

　しかしながら、たとえば、電子提供措置事項をアップロードするウェブサイトにパスワードをかけ、アクセス通知に当該パスワードを記載する場合、電子提供措置が株主総会の日の3週間前の日からとられているというためには（会325の3Ⅰ柱書）、当該日までに株主にパスワードが通知されている必要があり、そのため当該パスワードが記載されたアクセス通知を株主総会の日の3週間前の日までに株主に「到達」するように発送する必要があることになります（渡辺ほかQ&A(5)94頁）。

　前述の東京証券取引所のウェブサイトは公衆縦覧される関係上、かかる取扱いをとることはできませんので、パスワードをかけられるのは他のウェブサイトということになりますが、かかる取扱いは何らか事情がある場合に限られると思われます。

(5)　電子提供措置事項

　電子提供措置をとる旨の定款の定めがある会社が株主総会を招集する場合、(a)招集決定事項、(b)書面投票を採用する場合の株主総会参考書類および議決権行使書面、(c)電子投票を採用する場合の株主総会参考書類、(d)株主提案があった場合の議案の要領、(e)定時株主総会の場合の計算書類および事業報告、(f)定時株主総会の場合の連結計算書類、(g)上記(a)～(f)を修正したときのその旨および修正前の事項について電子提供措置をとることになります（会325の3Ⅰ）。さらには、書面投票もしくは電子投票を採用した場合、または取締役会設置会社である場合、電子提供措置をとらなければなりませんが（会325の3Ⅰ柱書・299Ⅱ）、上場会社は書面投票の採用・取締役会の設置が義務付けられていますので（上場規程435・437）、株主総会の招集に際して電子提供措置をとることになります。

　これらの事項を「電子提供措置事項」といいます（会325の5Ⅰ）。

　基本的には、招集通知および招集通知とともに交付しなければならない株主総会参考書類等の内容が該当します。

　(a)は開催日時、開催場所および会議の目的事項、書面投票できる旨やその取扱い等を記載した招集通知の内容に相当します（会298Ⅰ、施規63）。

　(b)のうち議決権行使書面は、招集通知とともに議決権行使書面を交付する

ときは電子提供措置をとる必要はないことになっています（会325の 3 Ⅱ）。議決権行使書面には株主の氏名や行使することができる議決権の数が含まれていますので（施規66Ⅰ⑤）、議決権行使書面について電子提供措置をとる場合、各株主ごとにウェブサイトに氏名や議決権の数を掲載する必要があり、事務負担が課題となることから、かかる取扱いが認められています（竹林ほか・解説 6 〜 7 頁）。

　実際、議決権行使書面をアクセス通知に同封して交付し電子提供措置の対象としない取扱いがとられています。

　(e)の電子提供措置事項には、事業報告および計算書類のみならず、これらにかかる監査報告または会計監査報告も含まれます。会計監査人設置会社の場合、計算書類は監査役（または監査等委員会・監査委員会）および会計監査人の監査を受けるとともに、事業報告は監査役（または監査等委員会・監査委員会）の監査を受けなければならず（会436Ⅱ）、招集通知とともに、これらの監査報告または会計監査報告を提供しなければならないことから（会437）、監査報告または会計監査報告も電子提供措置をとらなければならないと説明されています（竹林ほか・解説 8 頁）。

　これに対し、連結計算書類にかかる監査報告または会計監査報告は、招集通知とともに提供することとされていないので（会444Ⅵ）、(f)の電子提供措置事項に含まれていません。もっとも実務上は、これまでも招集通知とともに提供されているので、これらの提供に代えて電子提供措置をとることが認められています（計規134Ⅲ）。実際、連結計算書類にかかる監査報告・会計監査報告についても電子提供措置の対象とし、ウェブサイトに掲載する取扱いがとられています。

　(g)は、上記(a)〜(f)を修正した場合のものです。これまでも、株主総会参考書類、事業報告、計算書類および連結計算書類について、招集通知を発送した日から株主総会の前日までの間に修正をすべき事情が生じた場合に修正後の事項を株主に周知させる方法（インターネット上のウェブサイトに掲載する方法）をとり、当該ウェブサイトのアドレスを招集通知に記載して通知することが認められており（施規65Ⅲ・133Ⅵ、計規133Ⅶ・134Ⅷ）、「ウェブ修正制度」と称されています。このような実務があることを踏まえ設けられたものであ

り、電子提供措置をとる場合についても、ウェブ修正制度を利用することができるとされています（一問一答30～31頁）。

(6)　電子提供措置の中断

　電子提供措置の中断とは、株主が提供を受けることができる状態に置かれた情報がその状態に置かれないこととになったことまたは当該情報がその状態に置かれた後改変されたこととされており（会325の6柱書）。インターネット上のウェブサイトに掲載された招集通知や株主総会参考書類等の内容が閲覧できなくなったり、改変されて正しい内容が閲覧できなくなった状態を意味します。

　電子提供措置は、株主総会の日の3週間前の日（またはアクセス通知の発送日が株主総会の日の3週間前の日より早い日である場合は当該発送日）から株主総会の日後3か月を経過する日までの間（電子提供措置期間）継続して行う必要があります（会325の3Ⅰ柱書）。

　したがって、仮に法令に特段の定めがなければ、一時的であっても、アクセスに障害等が発生したり改ざんがされることにより、本来閲覧するはずだった事項を株主が閲覧することができない状態（「中断」が生じた状態）になってしまうと、過料の制裁の対象となるほか（会976⑲）、生じた時期によっては決議取消事由に該当し得ることになります（会831Ⅰ①）（違・実務対応52頁）。

　短期間の障害等であっても電子提供措置に瑕疵があるとすると、法的安定性を害することとなり、対応する会社の負担が大きくなりますので、電子提供措置の中断が生じた場合であっても、電子提供措置の中断が生ずることにつき会社が善意でかつ重大な過失がないことや、中断が生じた時間の合計が電子提供措置期間の10分の1を超えないことなどの要件を満たせば、電子提供措置の中断は、電子提供措置の効力に影響を及ぼさない救済措置が定められています（会325の6）（一問一答40頁、違・実務対応52頁）。

　なお、電子公告の場合、公告義務の履行に瑕疵がないことを立証する手段を確保させるため、公告期間中、システムに障害なく、公告内容がウェブサイトに掲載されているかどうかについて、調査機関の調査を受けなければな

りませんが（会941）、電子提供措置については、調査機関の調査を受けることを求めていません（竹林ほか・解説12頁）。したがって、電子提供措置の中断が生じていないかどうかを把握したり、電子提供措置がなされていることの証拠を残しておくため、掲載しているウェブサイトのログを保存することや任意に外部サービスの利用が行うことが考えられます。詳細は第6章（p.89）を参照して下さい。

2　制度実施までの株主総会電子化の歩み

(1)　これまでの改正項目

　図表1-3のとおり、現代の情報化社会の中心的インフラであるインターネットの普及を背景として、平成13年（2001年）以降、株主総会の電子化が進められています。

図表1-3　インターネットの利用状況（個人）

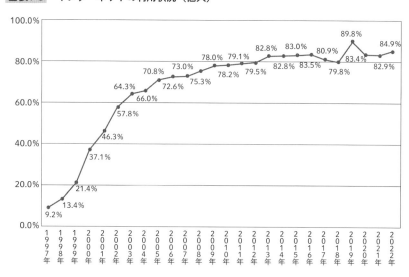

（出所）総務省・インターネット普及率の推移を基に作成。

株主総会の電子化にかかる改正事項の概況は、**図表1-4**に記載のとおりですが、株主総会資料の電子提供制度導入の経緯に関係する箇所を中心にその概要について説明します。

図表1-4　株主総会の電子化にかかる改正事項

法令改正	改正の概要
①平成13（2001）年11月 商法改正（※）	電磁的方法による招集通知や電磁的方法による議決権行使（いわゆる電子投票）も導入
②平成18（2006）年 会社法施行規則・ 会社計算規則制定	平成18（2006）年の会社法施行に併せ、会社法上委任された内容を定める法務省令として制定 株主総会参考書類や事業報告、計算書類、連結計算書類のウェブ開示やウェブ修正導入
③令和元（2019）年 会社法改正	株主総会資料の電子提供制度導入 準備の関係で施行は令和4（2022）年9月
④令和2（2020）年5月 会社法施行規則・ 会社計算規則改正	新型コロナウィルス感染症拡大に伴う決算確定遅延に対応するためウェブ開示の対象範囲を時限的に拡大 以後継続的な改正により延長
⑤令和2（2020）年11月 会社法施行規則改正	株主総会資料の電子提供制度実施における招集通知の記載事項等法務省令委任事項を規定
⑥令和3（2021）年 産業競争力強化法改正	バーチャルオンリー株型主総会（場所の定めのない株主総会）を特例として導入
⑦令和4（2022）年12月 会社法施行規則・ 会社計算規則改正	電子提供措置事項記載書面の記載省略範囲拡大 ウェブ開示制度の対象範囲拡大を行ったうえで対象範囲を恒久化

（※）平成17（2005）年に会社法が制定されるまでは、商法の中に会社の規定が設けられていましたので、商法改正により会社制度の変更がなされていました。

⑵　電磁的方法による招集通知

株主総会を開催するには、日時や場所、会議の目的事項等を通知する招集通知を原則書面で行うことになりますが、平成13年11月の商法改正により電磁的方法によることも認められています（会299Ⅱ・Ⅲ）。一般的には、日時や場所、議題等を記載した狭義の招集通知をインターネットの電子メールで送信し、そこに記載されているアドレスのウェブサイトに議案の内容や計算書類を掲載しこれを見読する方法が採られています。

用語解説 │ 電磁的記録、電磁的方法、電子提供措置

　会社法の中では、「電磁的記録」や、「電磁的方法」、「電子提供措置」といった言葉が用いられています（以下、弥永・施規コンメ505、1214〜1217頁参照）。

　電磁的記録とは、法令で定められた記録媒体を用いて調製したファイルに情報を記録したものをいいますが、これに当たる記録媒体には、磁気テープ、磁気ドラムのような磁気的方法によるものや、USBメモリ等の電子的方法によるもの、CD-ROM等の光学的方式によるものがあります（施規224）。

　電磁的方法とは、法令で定められた電子情報処理組織を使用する方法や情報を記録した記録媒体を交付する方法をいいますが、たとえば、①インターネットメールを送信する方法、②ウェブサイトに情報を掲示しこれを見読またはダウンロードできるようにする方法、③磁気ディスク、USBメモリ、CD-ROM等の記録媒体を交付する方法になります（会2㉞、施規222）。

　電子提供措置とは、法令で定められた電磁的方法により株主が情報の提供を受けることができる状態に置く措置をいいますが、ここでの電磁的方法は上記②のうちインターネットに接続されたサーバを使用するものとされていますので（会325の2、施規95の2・222Ⅰ①ロ）、ウェブサイト上に株主総会参考書類等の情報を掲示しこれを株主が見読またはダウンロードできるようにする措置ということになります。

　しかしながら、電磁的方法による招集通知を行うためには、株主の承諾を得ることが必要であり（会299Ⅲ）、これは、電磁的方法による通知にそもそも対応できない株主が存在することや、電磁的方法といっても多様な種類が存在していること等を考慮し、電磁的方法により情報を受け取る株主の保護を図る観点等から要求されているものです（郡谷・平成13年改正解説〔Ⅹ〕33頁）。具体的には、あらかじめ、当該通知の相手方に対しその用いる電磁的方法の種類（インターネット等を通じて電子メールを送信する方法、ウェブサイトに情報を掲示し見読あるいはダウンロードできるようにする方法、情報を記録したCD-ROM等の記録媒体を交付する方法）および内容（添付ファイルが用いられる場合は用いたソフトの名称やそのソフトウェアのバージョンあるいはPDF等のファイルの種類、ウェブサイ

トにアクセスする場合は利用できるOSやブラウザの種類、電子メールやウェブサイト等への情報掲示など使用する電磁的方法の種類）を示し、書面または電磁的方法による承諾を得る必要があります（令2、施規230）（弥永・施規コンメ1229頁）。

このような承諾を得られない株主に対しては、引き続き書面による招集通知を送付することになりますので、上場会社のように不特定多数の株主を有する会社の場合、すべての株主に電磁的方法により招集通知を行うことは事実上不可能です。

また、承諾した株主から、会社に対して委任状（議決権の代理行使に関する書面）が電磁的方法により提供された場合や、電磁的方法による議決権行使（いわゆる電子投票）が行われた場合、正当な理由がない限りこれを拒むことができませんので（会310Ⅳ・312Ⅱ）、会社はこれに対応する必要も生じます。

以上の点が制約となって、電磁的方法による招集通知は、現在にいたるまでほとんど採用されていません（2023総会白書71頁によると、回答会社1,979社中採用会社数は129社6.5％）。

株主総会資料の電子提供制度は、電磁的方法による招集通知におけるこのような状況を踏まえて導入されたものであり（竹林ほか・解説5頁）、制度の導入に際して、株主の承諾は必要としていません。また、制度を採用するには当該措置をとる旨の定款の定めが必要ですが（会325の2）、上場会社（正確には発行する株式が振替制度で取り扱われている会社）に当該定款の定めることが義務付けられており（振替159の2Ⅰ）、制度実施（2022年9月1日）時点で上場会社は当該定款の定めがあるものとみなされていますので（整備10Ⅱ）、上場会社とその株主に広く利用される制度となります。

また、株主は、会社に対して、議案や計算書類等の株主総会参考資料を書面で交付するよう請求することが認められていますので（会325の5）、インターネットを利用することができない株主が情報を入手することができない問題（デジタルデバイド）への対応も図られています。

なお、株主総会資料の電子提供制度では、株主総会参考書類等はウェブサイトに掲載することでよいのですが、株主総会の日時や場所、会議の目的事項のほか、株主総会資料を掲載するウェブサイトのアドレスを記載した招集通知は書面で行う必要があります。ただし、電磁的方法による招集通知の制

度は廃止されているわけではありませんので、会社が当該制度も採用する場合、これを承諾した株主に対しては、招集通知を電磁的方法で行うことが可能になります（竹林ほか・解説10頁）。

(3)　電磁的方法による議決権行使

　従来から、株主総会に出席することができない株主が議決権を行使する方法としては、代理人によって行使する方法と書面によって行使する方法（いわゆる書面投票）が用意されていましたが（会310・311）、平成13年（2001年）11月の商法改正により、株主の権利行使の機会の拡大や株主総会の定足数の確保が容易になるという利点があることから（郡谷・平成13年改正解説〔XI・完〕35頁）、電磁的方法による議決権行使（いわゆる電子投票）が認められています（会312）。

　電磁的方法による議決権行使は、上場会社では、株主名簿管理人の運営す

図表1-5　議決権電子行使プラットフォームの概念

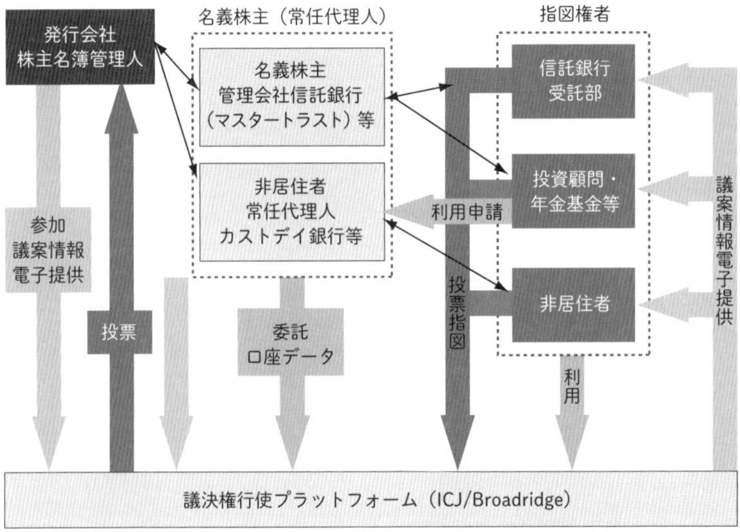

（注）← →は現行の情報の流れを指します。
（出所）議決権電子行使プラットフォーム等の運営。

る議決権行使ウェブサイトで入力することにより行使されています（会社法コンメ(7)221頁）。

　これ以外の電磁的方法による議決権行使の方法としては、東京証券取引所とアメリカのBroadridge社が協力して2004年に構築された「議決権電子行使プラットフォーム」があります。詳細は、参考文献「議決権電子行使プラットフォーム等の運営」を参照いただければと思います。これは、株主名簿上の株主でない海外機関投資家等の行使指図を直接議決権行使に反映させる仕組みであり、**図表1-5**のとおり運用されています。

　電磁的方法による議決権行使を採用するには、株主総会の招集を決定する取締役会で決議する必要があります（会298Ⅰ④）。また、議決権電子行使プラットフォームを採用する場合、決算月の第2金曜日までに同プラットフォームの運営会社であるICJに参加を意向表明することになります（ICJウェブサイト・お申込み手順）。なお、従来からの書面による議決権行使は、議決権を有する株主数が千人以上の会社および上場会社においてはその採用を株主総会の招集を決定する取締役会で決議することが義務付けられますので（会298Ⅰ③・Ⅱ、上場規程435）、上場会社において電磁的方法による議決権行使を採用する場合、書面による議決権行使の方法と併用することになります。

　議決権行使の促進に資すること、また、CGコード補充原則1-2④において、上場会社に対して、議決権の電子行使を可能とするための環境作り（議決権電子行使プラットフォームの利用等）が求められていることから、電磁的方法による議決権行使や、議決権電子行使プラットフォームの採用はかなり進んでいます。2023総会白書85〜87頁によると、回答会社1,979社中、電磁的方法による議決権行使を採用する会社は1,670社84.4％であり、議決権電子行使プラットフォームを採用する会社は1,232社73.8％となっています。

　また、**図表1-6**のとおり、インターネットを利用する機器としては、パソコンよりもスマートフォンの方が主流になっていますので、電磁的方法による議決権を採用する会社においても、スマートフォンでも行使できる取り扱いを採用する会社が多くなっています。三井住友信託銀行証券代行受託会社における調査では、2023年6月時点で電磁的方法による議決権行使を採用する会社1,253社のうちスマートフォンで行使する方法を採用する会社は

図表1-6　**主な情報通信機器の保有状況（世帯）（平成25年〜令和４年）**

スマートフォンを保有している世帯の割合（90.1％）が９割を超えた。
パソコン（69.0％）、タブレット型端末（40.0％）は横ばいだが、固定電話
（63.9％）は減少傾向にある。

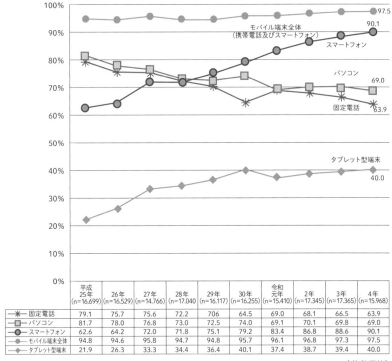

	平成25年(n=16.699)	26年(n=16.529)	27年(n=14.766)	28年(n=17.040)	29年(n=16.117)	30年(n=16.255)	令和元年(n=15.410)	2年(n=17.345)	3年(n=17.365)	4年(n=15.968)
固定電話	79.1	75.7	75.6	72.2	706	64.5	69.0	68.1	66.5	63.9
パソコン	81.7	78.0	76.8	73.0	72.5	74.0	69.1	70.1	69.8	69.0
スマートフォン	62.6	64.2	72.0	71.8	75.1	79.2	83.4	86.8	88.6	90.1
モバイル端末全体	94.8	94.6	95.8	94.7	94.8	95.7	96.1	96.8	97.3	97.5
タブレット型端末	21.9	26.3	33.3	34.4	36.4	40.1	37.4	38.7	39.4	40.0

（複数回答）

（注）当該比率は、各年の世帯全体における各情報通信機器の保有割合を示す。
　　　「モバイル端末全体」の令和２年以前は PHS を含む。

（出所）総務省・令和４年通信利用動向調査の結果　別添１・２頁。

1,230社98.2％です。また、三井住友信託銀行証券代行受託会社における調
査では、６月総会会社議決権行使集計先での事前行使の株主数ベースの内訳
は、書面投票40.6％、電子投票59.4％となっています。

⑷　ウェブ開示

　平成18年（2006年）会社法施行規則等制定により、株主総会参考書類や事業報告、計算書類、連結計算書類の全部または一部について、インターネットを利用する方法で開示することにより、株主に提供したものとみなす制度（いわゆるウェブ開示、インターネットによるみなし提供制度（みなし提供））が導入されています（施規94・133Ⅲ〜Ⅴ、計規133Ⅳ〜Ⅵ・134Ⅴ〜Ⅶ）。これにより、ウェブ開示を行った事項に関しては、招集通知とともに書面として送付される株主総会参考書類等に記載する必要がありませんので、その部分だけ紙の省略・電子化を図ることができるものとなっています。

　会社法施行規則制定に際し、社外取締役・社外監査役・会計監査人その他の会社役員に関する株主総会参考書類等の情報の充実化が行われましたが、その分、印刷代・郵送代などの費用負担が増加することになりますので、これに対応するものとして導入されたものです（相澤＝郡谷・新会社法解説⑴7〜8頁）。したがって、当時のウェブ開示の対象範囲は、これらの情報の充実化に対応する箇所が中心となっていました。

　ウェブ開示制度は、定款にこの措置をとる旨の定めを置くことで採用できますので（施規94Ⅰ・133Ⅲ、計規133Ⅳ・134Ⅴ）、これまで多くの会社で採用され、注記表や株主資本等変動計算書、事業報告の一部事項等の対象事項をウェブサイト上で提供する方法として広く利用されていました。電子提供制度実施前の2022総会白書75頁によると、回答会社1917社中、ウェブ開示を実施した会社は1,569社81.8％となっていました。

　その後、2020年に新型コロナウィルス感染拡大に伴う決算遅延に対処するために、時限的措置として、事業報告における決算数値等に関連する事項、計算書類および連結計算書類ならびにこれらの監査報告および監査報告をウェブ開示の対象とする改正が行われました（施規133の2、計規133の2。これらは2023年2月末失効）。

　ただし、この措置は感染対策のための時限的なものでしたので、株主の利益を不当に害することのないよう特に配慮しなければならないとされていました。具体的には、できる限り早期にウェブ開示を開始することや、すみやかに当該事項を記載した書面を株主に交付することあるいは送付を希望する

ことができる旨を招集通知に記載し希望した株主にすみやかに送付すること、株主総会に来場した株主に当該事項を記載した書面を交付することが示されていました（塚本・ウェブ開示37〜38頁）。

　ウェブ開示の対象とした事項は書面で交付する必要はなく、電磁的方法による提供の拡大に資するものではありますが、感染拡大のため例外的に範囲を拡大する際には、電磁的方法による情報を入手することができない場合の配慮として、追加的に書面で交付する等の対応が必要と考えられていたことになります。

一口メモ │ 新型コロナウィルスの感染対策と株主総会 ●

　新型コロナウィルスの感染拡大に伴い、社会全体で、三密（密閉・密集・密接）の回避を中心にした感染予防策が行われましたが、株主総会も多数の株主が来場する会議ですので、同様の対策が行われました。一方で、株主総会は会社法の要請で開催される会議体ですので、開催しないという選択肢はなく、経済産業省と法務省の開示文書に則り、おのずとその対策は株主の来場を抑制したり、一定の間隔を空けての着席、所要時間を短縮化する形で行われてきました。後述のバーチャル株主総会（株主がオンラインで参加する総会）も三密回避の方策として、感染拡大を契機に導入され始めた側面があります。

　特に、2020年春の感染拡大当初は、世界各国でロックダウン等の外出抑制が実施されましたので、海外子会社において決算を行うことができず、招集通知の発送までに、連結計算書類を作成することが困難な状況に見舞われる企業もありました。この結果、通常の期間で株主総会を開催することができない場合が生じえましたので、当初の株主総会では役員の選任等を行い、後日再開する株主総会（会317）で計算書類等の報告を行う対応や、基準日を新たに設定して、決算が確定してから招集通知を発送して株主総会を行う等の対応が行われました。

　招集通知の印刷開始までに決算が確定しなければこのような方法をとらざるをないことを少しでも回避する策として、本文にあるような時限的措置により、事業報告における決算数値等に関連する事項・計算書類・連結計算書類・会計監査報告・監査報告をウェブ開示の対象とすることで招集通知にこれらを印刷することを不要にし、招集通知の印刷開始までではなく招集通知の発送ま

でに決算が確定すれば、通常の日程で株主総会が開催できるようになっていたわけです。

　前述のとおり、2022年9月1日時点で、上場会社は株主総会資料の電子提供措置をとる旨の定款の定めがあるものとみなされていますが、実際には、ほとんどの会社が株主総会で当該定款変更を行っています。その際、ウェブ開示の措置をとる旨の定款の定めを削除していますので、今後はウェブ開示を行う例はほとんどないと思われます。

⑸　ウェブ修正

　従来、招集通知発送後に、通知状の一部に脱落があったり、説明不足やミスプリントが発見された場合、その程度により、修正した旨や修正の内容（正誤表）を記載した訂正通知を別送するといった対応がとられていました〔〔新訂3版〕総会ハンドブック448頁）。これは、当該脱落やミス等による株主総会の招集手続の瑕疵（法律上の欠陥。会831Ⅰ①参照）を軽減するため行われるもので、可能となるのは実質的な内容の変更に当たらない程度の修正です。こうした訂正状を追加で送付する場合、印刷等の費用に加えて、株主総会前に株主に届く時期までに発送する必要がありますので、相当の負担がかかっていました。

　かかる状況を踏まえて、平成18年（2006年）会社法施行規則等制定により導入されたのがウェブ修正制度です。

　ウェブ修正とは、株主総会参考書類、事業報告、計算書類および連結計算書類について、株主総会の招集通知を発送した日から株主総会の前日までの間に修正をすべき事情が生じた場合における修正後の事項を株主に周知させる方法を、招集通知と併せて通知することを認めるもので（施規65Ⅲ・133Ⅵ、計規133Ⅶ・134Ⅷ）、当該方法としてはウェブサイトに掲載する方法が一般的であることから、そのように呼称されているものです。

　この方法を採用することによって、招集通知発送後、株主総会参考書類等に誤字、脱字等が判明した場合に、株主総会の前日までに、あらかじめ通知したアドレスの自社ウェブサイト等に訂正状を掲載することで足りることに

なりますので、書面の訂正状を送付する場合の費用負担の問題や、株主総会までの期間の制約の問題が解消されることから、多くの会社でこの方法が採用されています。全株懇・2023年調査報告26頁によると、当該周知方法を記載している会社は、回答会社1,440社中1,230社85.4％となっています。

　株主総会資料の電子提供制度では、ウェブサイトに掲載された招集通知等の内容に修正が生じた場合、修正内容をウェブサイトに追加掲載することになりますが（会325の3 I ⑦）、この場合に、ウェブ修正の方法をとることができるとされていますので（一問一答30～31頁）、修正が生じた場合の修正方法は当該方法によるものがほとんどのようです。

(6)　バーチャル株主総会

　株主総会の招集に際しては株主総会の場所を定めなければならないとされていることから（会298 I ①）、物理的な開催場所を用意せず、取締役や監査役等、株主がすべてインターネット等の手段を用いて出席する株主総会（バーチャルオンリー型株主総会）を実施することはできないと考えられていましたが、他方で、会社法の解釈上、テレビ会議システム等を利用して、開催場所と株主との間で情報伝達の双方向性と即時性が確保されていれば、物理的な開催場所を用意しつつ、インターネット等の手段を用いて出席等する株主総会（ハイブリッド型バーチャル株主総会）を開催することは可能と解されていました（経済産業省・実施ガイド4頁、11頁）。

　2020年2月に、経済産業省から、ハイブリッド型バーチャル株主総会を実施する際の法的・実務的論点、および具体的取扱いを明らかにする「ハイブリッド型バーチャル株主総会の実施ガイド」が策定・公表されましたが、ちょうどその時点で、新型コロナウィルスの感染拡大が急速に進んでいましたので、株主総会での来場抑制の方策の1つとして、ハイブリッド型バーチャル株主総会の採用が進みました。2023総会白書172～175頁によると、回答会社1,979社中、ハイブリッド型バーチャル株主総会を実施した会社は415社21.0％となっています（出席型・参加型の合計）。

　しかしながら、物理的な開催場所を用意する限り、来場者をゼロとすることはできませんので、これを可能とするバーチャルオンリー型株主総会につ

いて議論がなされた結果、2021年6月の産業競争力強化法の改正により、会社法の特例として、一定の条件を充たす会社は、バーチャルオンリー型株主総会の開催が可能となっています（経済産業省バーチャルオンリー）。

(7)　電子提供措置事項記載書面の記載省略

前述のとおり、株主総会資料の電子提供制度では、デジタルデバイドの問題に対応するため、株主は、会社に対して議案や計算書類等の株主総会資料を書面で交付するよう請求することが認められています（会325の5Ⅰ）。

これまで、ウェブ開示制度において、ウェブサイトに掲載した事項は書面で交付する必要がありませんでしたので、同様に、定款の定めにより、一部の事項について、書面交付請求をした株主に交付する書面（これを「電子提供措置事項記載書面」といいます）から記載を省略することが認められています（会325の5Ⅲ）（竹林ほか・解説11頁）。

令和2年（2020年）11月に改正された法務省令において、ウェブ開示制度において、株主総会参考書類等への記載を要しないこととされている事項の範囲を参考に、株主総会参考書類の議案以外の部分、計算書類中の株主資本等変動計算書・個別注記表、連結株主資本等変動計算書・連結注記表、および事業報告中の、業務の適正を確保するための体制、社外役員に関する事項、株式の状況、新株予約権等の状況、会計監査人に関する事項等について、電子提供措置事項記載書面の一部記載省略が可能となっていました（令和4年〔2022年〕12月改正前の施規95の4）（渡辺ほか・省令解説17頁）。

しかしながら、ポストコロナの社会を見据えたデジタルトランスフォーメーションの重要性が指摘され、デジタル化社会における規制・制度のあり方が社会的に注目されてきている中、令和3年9月の政府の規制改革推進会議デジタルワーキンググループにおける要望を受けて、一部記載省略の範囲は拡大されています（令和4年〔2022年〕改正後の施規95の4）（小林・省令解説4頁）。具体的には、貸借対照表・損益計算書や、連結貸借対照表・連結損益計算書が追加され、計算書類・連結計算書類全体が対象とされたほか、事業報告中で、事業の経過およびその成果、対処すべき課題、役員の責任限定契約に関する事項、補償契約に関する事項、役員等賠償責任保険契約に関する

事項が追加されています。

　この改正を検討する過程では、①法律による委任の範囲について、たとえば、連結計算書類は株主総会の報告事項であり、また計算書類も多くの場合は報告事項（会439、計規135）という実情に鑑みると、株主の判断の前提となる株主総会の決議事項に関連する情報ではなく、株主総会の決議の正当性に直ちに影響を及ぼすものではないこと、また、②政策判断としての選択についても、デジタル化への対応についての利用者側の意識が変わりつつあるとの指摘や、デジタル化に対応したサポートの社会環境が整い、デジタルデバイドであったとしても周囲の手を借りて情報にアクセスしやすくなりつつあるとの指摘もあり、コロナ禍を契機として顕在化した感染症をめぐる将来の見通しの不確実さやデジタル化の進展に伴う社会情勢の変化を踏まえた対応を行うことは、社会経済の変化に対する迅速な対応を可能にする法務省令への委任の趣旨にも沿うものであるとしています（電子化研究会検討結果 1 ～ 6 頁）。

　同時に、デジタルデバイドをめぐる状況については、時代が進むにつれて問題は解消されつつあるとの見方もあり得るが、さしあたりはデジタルデバイドの株主がゼロではないということを前提に検討せざるを得ないと考えられるとしていることを鑑みると（電子化研究会検討結果 1 頁）、将来、デジタルデバイドがほとんど解消されたといえるような状況になれば、書面交付請求制度自体の見直しもあり得るのかもしれません。

　上記で述べた内容をイメージにすると、**図表1-7**のようになります。

図1-7 招集手続・議決権行使の電子化の流れ（イメージ）

①電磁的方法の導入前

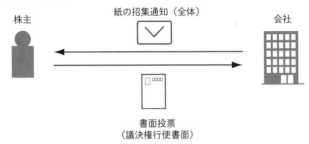

②電子投票制度・ウェブ開示制度導入

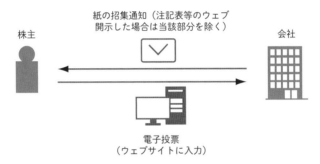

③電子提供制度導入

（注1）①②③のいずれにおいても、本人出席または代理人出席による議決権行使が可能なほか、②③において書面投票（議決権行使書面）も利用可。

（注2）③において、書面交付請求をした株主には一部記載省略した事項以外の招集通知全体を書面で送付。

第2章 電子提供制度の採用

1 概　説

(1) 上場会社における電子提供制度の採用

電子提供制度にかかる会社法が2022年9月1日に施行されましたので、その日までに振替株式を発行している会社（主に上場会社）は、2022年9月1日（改正会社法施行日）に、強制的に電子提供制度が適用されることになりました。

2022年9月1日施行当時の上場会社における電子提供制度の採用は、おおむね以下の手順で実施されています（6月総会会社を例とします）。

①2022年6月　定時株主総会において、効力発生日の附則付きの定款変更を実施（後記**3**(1)〔p.30〕参照）

②2022年8月末までの取締役会で株式取扱規程の変更を決議（後記**3**(2)〔p.32〕参照）

③2022年9月1日　電子提供制度に関する法令が施行。書面交付請求（第7章〔p.97〕参照）の受付が開始。

④2023年2月末まで　電子提供制度採用の旨の変更の登記（他の登記事項がある場合はその時点から2週間以内）

⑤2023年3月1日で電子提供制度の効力が発生。それに伴い定款の附則の削除（通常は自動削除文言あり）、定款規定の整備、証券取引所への提出

⑥2023年5月〜6月　電子提供制度に係る株主総会招集手続が開始。なお、電子提供制度開始に伴う株主への周知を随時実施（後記**3**(4)〔p.35〕参照）

一口メモ │ 施行日に上場していた会社の取扱い ─────────────●

　　改正会社法施行日に上場していた会社の多くは、改正会社法施行日から6か月以内に開催する株主総会の招集手続については、従前のとおり、電子提供制度は適用されませんが（整備10Ⅲ）、制度適用後の株主総会招集手続に対応するため、株主からの書面交付請求は施行日より受け付けるという運用を行いました。

(2)　未上場会社における電子提供制度の採用

　振替株式を発行していない会社（主に未上場会社であり、以下本章において「未上場会社」といいます）であって新規に上場する会社は、振替制度に参加するとともに、電子提供制度を利用する必要があります（振替159の2）。振替制度への参加手続に加え、会社法に定める次の準備が必要になりますので、以下 **2** **3** で、これらの事項について、順を追って触れていきます。

　・定款変更（株主総会の決議）
　・株式取扱規程の改定
　・登記手続
　・株主への本制度の周知
　・電子提供制度の対象の決定

2 | 新規上場に伴う、本制度採用のための振替制度上の手続

　未上場会社であって新規に上場する会社は、振替株式を発行する必要があり、株式会社証券保管振替機構（以下、「証券保管振替機構」といいます）が運営する株式等振替制度への参加手続が必要になります。

　新規上場時における証券保管振替機構への提出書類等と提出時期は**図表2-1**のとおりです。

図表 2-1　新規上場時における証券保管振替機構への提出書類等と提出時期

項番	提出書類等	提出時期			備考
		上場承認日の 2 週間前まで	上場承認日の 2 営業日前まで	公募の条件決定日（公開価格決定日）	
1	同意書	ドラフト	原本	—	ドラフトはExcelファイルで提出ください。
2	株式等振替制度参加に係る届出書（その1）	ドラフト	原本	—	
3	株式等振替制度参加に係る届出書（その2）	ドラフト	原本	—	
4	株式等振替制度参加に係る届出書（その3）	ドラフト	原本	—	
5	株式等振替制度参加に係る届出書（その4）	ドラフト	原本	—	
6	Targetシステム利用申込書	ドラフト	原本	—	東証上場会社用（KY05）と東証以外上場会社用（KY06）のどちらか一方を提出してください。
7	定款	ドラフト	原本	—	原本提出時は、製本、実印による原本証明（原本証明日付入り）及び割印をしてください。
8	株式取扱規則（上場後版）	ドラフト	原本	—	原本提出時は、製本、実印による原本証明（原本証明日付入り）及び割印をしてください。
9	印鑑証明書	原本の写し	原本	—	発行日より 3 ヶ月以内の原本を提出ください。
10	株主の通知文案	ドラフト	確定版	—	・振替法第131条第 1 項に基づく通知を指します。 ・確定版提出時に捺印は不要です。
11	種類株式の内容に係る届出書	ドラフト	確定版	—	・上場する株式が種類株式の場合のみ提出が必要となります。 ・提出方法は事前に当機構へ相談ください。
12	訂正有価証券届出書	—	—	確定版	・Targetほふりサイトに提出ください。 ・確定版はPDFファイルで提出ください。

（出所）証券保管振替機構・振替制度参加手続 4 頁より抜粋

一口メモ｜振替株式とは ──────────────────────●

　2009年に上場会社の株式等に係る株券等の廃止に伴い、株主等の権利の管理（発生、移転及び消滅）を、証券保管振替機構および証券会社等に開設された口座において電子的に行うことになりました（株券の電子化）。これを株式等振替制度といいます。振替株式は、「社債、株式等の振替に関する法律」に基づく株式等振替制度で取り扱う株式のことをいいます。振替株式の詳細は、証券保管振替機構のウェブサイトから、制度について＞株式等振替制度、をご参照ください。

　図表2-1のうち、電子提供制度の採用に必要なものは定款と株式取扱規程であり、いずれも、東京証券取引所への上場承認日の２週間前までにドラフトの提出が必要になります。

　なお、ドラフトといっても、上場承認日の２営業日前にまでに提出が必要な原本と大きく異なることは、証券保管振替機構への説明を鑑みると避けたほうがよいと思われますので、上場承認日の２週間前までに確定させておくことが望ましいと思われます。

3　新規上場に伴う、本制度採用のための会社法上の手続

　前記**2**に鑑みると、電子提供制度採用までの流れは、おおむね**図表2-2**のとおりになるので、以降で(1)〜(5)について説明します。

図表2-2　新規上場に伴う電子提供制度採用までの流れ

上場承認日の２週間前まで	(1)定款変更（株主総会の決議）
	(2)株式取扱規程の改定（取締役会の決議）
上場日後	(3)登記手続（定款変更の効力発生日から２週間以内に登記）
	(4)株主への本制度の周知（原則、上場後初の株主総会の基準日までに）
上場後初の株主総会	(5)電子提供制度の対象の決定（電子提供措置開始日までに）

(1)　定款変更（株主総会の決議）

　「社債、株式等の振替に関する法律」では、「振替株式を発行する会社は、電子提供措置（会社法第325条の 2 に規定する電子提供措置をいう。）をとる旨を定款で定めなければならない。」と規定されています（振替159の2）。新規に上場する会社は電子提供制度を利用する必要がありますが、電子提供制度を利用する場合には、会社法に定める事項を含め、株主総会で定款変更を決議する必要があります。

　定款変更のタイミングは上場承認日を踏まえて検討する必要があるところ、少なくとも証券保管振替機構への手続日までに済ませておく必要があると考えられます。その際、電子提供措置に対応した定款も証券保管振替機構に届け出る必要があります。

　なお、仮に定款変更後に何らかの理由で上場延期になったとしても、電子提供制度そのものは未上場会社でも適用となります。電子提供制度が適用されると、事業報告、計算書類等をウェブサイトに掲載することが必須となるため留意が必要です。したがって、定款変更の効力発生が振替制度の対象となるタイミングとなるように停止条件を付けるなどの方法が考えられます。

　定款変更の主なポイントは、**図表2-3**が示す 3 点です。このうち、①の定款変更は必須、②および③の定款変更は任意ですが、実務上はこれらすべてについて株主総会の決議（特別決議、会社309Ⅱ⑪）を行うことが考えられます。以降で、**図表2-3①～③**について説明します。

図表2-3　電子提供制度を採用する際の定款変更の主なポイント

①電子提供措置に関する規定の新設（会325の 2 Ⅰ）
②書面交付請求に係る記載事項の一部省略に関する規定の新設（会325の 5 Ⅲ）
③現行のウェブ開示によるみなし提供規定の削除（該当ある場合）（施規94Ⅰ・133Ⅲ、計規133Ⅳ・134Ⅴ）

①電子提供措置に関する規定の新設

　新規上場などにより振替株式発行会社となるに際して、電子提供制度が強

制されるので、株主総会の招集の手続を行う際に、株主総会参考書類等の内容である情報について、電子提供措置をとる旨を定款に定めることが必要です（会325の2）。株主総会の決議に基づき定款を変更することになります。

　定款の変更案は、**図表2-4**の変更案第15条（株主総会参考書類等の電子提供措置）第1項に示すとおりです。

図表2-4　　電子提供制度を採用する際の定款の新旧対照表案

（下線は変更箇所）

現行定款	変更案
（新　設）	<u>（株主総会参考書類等の電子提供措置）</u> <u>第15条　当会社は、株主総会の招集に際し、株主総会参考書類の内容である情報について、電子提供措置をとるものとする。</u> <u>2　当会社は、電子提供措置事項のうち法務省令で定めるものの全部または一部について、書面の交付を請求した株主に対して交付する書面に記載することを要しないものとする。</u>
第15条〜第37条（条文省略）	第<u>16</u>条〜第<u>38</u>条（現行どおり）

（注）上記は他に定款変更はない前提で記載しています。
((出所) 全株懇・モデル改正を参考に作成)

②書面交付請求に係る記載事項の一部記載省略に関する規定の新設

　インターネットを利用することが困難であるなどの事情がある株主への配慮として、会社が、株主総会資料を書面にて送付するための、書面交付請求手続が設けられています（制度の詳細は第7章〔p.97〕参照）。

　株主に交付する書面について、法務省令で定めるものの全部または一部の記載を要しない旨の定款の定めを設けるには、株主総会の決議により定款変更が必要となります。

　定款の変更案は、**図表2-4**の変更案第15条（株主総会参考書類等の電子提供措置）第2項に示すとおりです。

③現行のウェブ開示によるみなし提供規定の削除（該当ある場合）

　前記の①や②の定款規定の新設と合わせて、現行のウェブ開示によるみなし提供規定（第 1 章**2**(4)〔p.19〕参照）を設けている場合には、それを削除しておくことが合理的です。現行のウェブ開示によるみなし提供規定は本制度導入前に開催の株主総会においてはなお適用されることになるため、電子提供制度の採用より前の株主総会で当該規定を削除する定款変更決議を行う場合、経過措置を定める附則規定等を設け、ウェブ開示によるみなし提供規定を削除する時期を定めることが考えられます。

　つまり、当該株主総会で実施したウェブ開示によるみなし提供は、当該株主総会の日から 3 か月間継続して実施する必要があるため、附則規定等において、一定期間ウェブ開示によるみなし提供制度に係る規定の効力を維持しておくためです。

　本件定款規定例は、**図表2-5**の定款第15条（株主総会参考書類等のインターネット開示とみなし提供）のとおりであり、当該定款規定を有している場合は、上記①②の定款を設ける際に、削除することになります。

図表2-5　ウェブ開示によるみなし提供規定の例

（株主総会参考書類等のインターネット開示とみなし提供）
第15条　当会社は、株主総会の招集に際し、株主総会参考書類、事業報告、
　　　　計算書類および連結計算書類に記載または表示をすべき事項に係る情報
　　　　を、法務省令に定めるところに従いインターネットを利用する方法で開示
　　　　することにより、株主に対して提供したものとみなすことができる。

(2)　電子提供制度の採用に伴う、株式取扱規程の改定

　書面交付請求（第 7 章〔p.97〕参照）の方法については、会社法には具体的な定めがないため、一般的な株式事務と同様に、株主からの書面交付請求等の受付方法を明確にする観点から、電子提供制度の採用に合わせて、株式取扱規程を改定することが考えられます。主なポイントは次のとおりであり、改定案は**図表2-6**のとおりです。

　・株主からの書面交付請求等の受付方法などを明確にする観点から、電子

提供制度の採用日までに、株式取扱規程変更を行うことが望ましいです。

・株主が直接会社（株主名簿管理人）に書面交付請求したときの株主本人確認の方法として、株主宛て住所に到着した請求書（株主住所・氏名印字）による請求をもって、株主本人と確認することが可能になります。

・株式取扱規程を変更した場合は、遅滞なく上場している金融商品取引所への提出が必要となります（上場規程施規418⑯等）。

・証券保管振替機構に対して、速やかに通知しなければなりません。通知のタイミングは**2**（p.27）を参照してください。

・証券保管振替機構へは株式取扱規程（上場後版）の提出が必要なことから、変更の効力発生は振替制度の対象となるタイミングになるように停止条件を付けておくことも考えられます。

図表2-6　電子提供制度を採用する際の株式取扱規程の新旧対照表案

（下線は変更箇所）

現行規程	変更案
（新　設）	（書面交付請求および異議申述） 第11条　会社法第325条の5第1項に規定された株主総会参考書類等の電子提供措置事項を記載した書面の交付の請求（以下「書面交付請求」という。）および同条第5項に規定された異議の申述をするときは、書面により行うものとする。ただし、書面交付請求を証券会社等および機構を通じてする場合は、証券会社等および機構が定めるところによるものとする。
第11条～第23条（条文省略）	第12条～第24条（現行どおり）

(注) 上記は他に規程の変更はない前提で記載しています。
((出所) 全株懇・モデル改正を参考に作成)

　株式取扱規程に関する他の論点として、株主提案に係る字数制限規定（400字以内等の任意の定め）を設けている場合、紙幅の制約がなくなることによる同規定の削除要否が挙げられます。

　株主総会参考書類に記載すべき事項を、インターネットを通じた閲覧措置

により開示する場合には（施規94）、株主提案の全部を開示することについて表示スペース上の制限を行う理由はないため、その内容をすべて開示する方が適当であるとの見解（論点解説482頁）があります。一方で、電子提供制度の下においても、株主総会参考書類を書面で任意に送付する場合や、書面交付請求に基づく電子提供措置事項記載書面に記載することを考慮し、当該規定はなお有効と判断することも考えられます。なお、字数制限規定を置かない場合でも、文字数によっては議案に記載すべき事項の「概要」を記載することが認められています（施規92 I 柱書）。

(3)　電子提供制度の採用に伴う登記手続

　電子提供措置をとる旨の定款の定めがあるときは、定款変更の効力発生日から 2 週間以内に登記が必要となります（会911Ⅲ⑫の2・915 I）。

　登記すべき事項は次のとおりです。

　・電子提供措置をとる旨の定款の定め

　・変更年月日

　また、登記には、株主総会議事録、株主リストなどが必要となります。詳細は法務局・電子提供制度登記などを参照してください。

一口メモ　｜登記期間の取扱い

　改正会社法施行日に上場していた会社は、経過措置として、施行日から 6 か月以内（2023年 2 月末まで）に登記を行わなければなりませんでした（整備10 Ⅳ）。改正会社法施行日以降に上場する会社においては、このような経過措置は適用されませんので、定款変更の効力発生日から 2 週間以内に登記が必要となります。

(4)　株主への本制度の周知

　電子提供制度は、我が国の成長戦略の一環として、会社と株主とのコミュニケーションの幅を拡げ、対話の質をさらに高めていくことを目的として創設されたものであり、招集通知等の情報提供の在り方を中心に株主総会プロ

セスが大きく変わることとなります。

　会社としても、株主に対し、制度そのものの認知を広め、また、具体的な書面交付請求の方法等の手続を案内するなど、周知活動を進めることが重要と考えられます。制度開始当初は、株主からの問い合わせも見込まれたため、多くの各社の株主総会にて、株主宛に株主総会関係書類や配当関係書類を送付する際に、本制度を示したリーフレット等を同封するなど、事前の周知が行われました（日証協リーフレット）。

　すでに電子提供制度が導入され、同制度に対して一定の認知は進んでいるとはいえ、初めて知る株主も一定数想定されることに鑑み、本制度を新たに採用する場合には、改めて、株主に対して制度の周知を図ることが考えられます。

　なお、書面交付請求の手続の期限は直近の株主総会基準日であるため、同基準日までに周知を図ることが難しい場合などは、初年度の株主総会はフルセット版を株主宛に送ることにし、サマリー版などの採用は次年度以降にすることが考えられます。フルセット、サマリーの内容については第5章**図表5-9**（p.83）を参照してください。

⑸　電子提供措置の対象の決定

　電子提供制度を利用する場合、原則として株主総会参考書類等の印刷や発送手続が不要となる分、株主に対して早期に株主総会参考書類等を提供することが求められるため、株主にとっては議案等の検討期間を十分に確保することが期待できます。

　会社としては、印刷や発送コストが削減できる利点があるほか、紙幅の制約がなくなるため、株主との対話を意識した積極的な情報開示も可能となり、株主総会の目的事項に関連する情報を充実させることが考えられます。

　株主総会参考書類等の電子提供措置事項は第5章**図表5-2**（p.69）に記載のとおりですが、いわゆる狭義の招集通知や株主総会参考書類等の会社法325条の3第1項各号に定めるものすべてが該当します。また、株主提案議案の要領に係る情報も含まれます（会325の3Ⅰ④）。

　他方で、電子提供措置事項以外の事項について任意に電子提供措置をとる

　ことは制限されておらず、会社として株主の議決権行使判断に必要と考える任意の情報について電子提供措置をとることも可能と考えられます。詳細は、第5章**6**（p.82）をご参照ください。

　なお、電子提供制度では、議決権行使書面も電子提供措置の対象となっていますが、株主に対して議決権行使書面を交付するときは、当該事項に係る情報について電子提供措置をとる必要はありません（会325の3Ⅱ）。

　議決権行使書面に記載する事項は株主ごとに異なり（氏名、議決権の数等。施規66Ⅰ⑤）、また、必要な情報が網羅されていないと議決権行使時の円滑な本人確認に支障を来しかねないことから、この不都合を解消するための特別な認証システムがない限り、電子提供措置の対象とすることは困難と考えられ、議決権行使書面については、電子提供措置の対象外とする会社がほとんどです。詳細は第5章**6**(2)（p.83）をご参照ください。

一口メモ ｜ 書面投票制度とは

　未上場会社では、株主総会に出席しない株主は「委任状」を提出するのが通例です。委任状を提出する株主（委任者）から委任を受けた株主（受任者）が、株主総会当日に会場において委任に基づき議決権を行使することが必要となります。いわば委任者にとっては間接的な議決権行使の方法となっています。

　一方、書面投票制度とは、株主が株主総会会場にて出席することなく、議決権行使書面に必要な事項を記載し、別途定める時までに、会社に提出することにより議決権行使を行う制度です（会298Ⅰ③・311）。これにより、株主は直接的に自らの意思を議決権行使に反映させることが可能となるものです。

　議決権株主数が1,000人以上の株式会社は、原則として書面投票制度を採用しなければなりません（会298Ⅱ）。また、上場会社は原則として書面投票制度を採用することが義務付けられます（上場規程435）。

　なお、書面投票に加え、会社が選択することにより、電磁的方法（電子投票）によって議決権を行使することも可能です（会298Ⅰ④）。

一口メモ｜書面投票制度における留意点

　書面投票制度を採用した場合には、未上場会社であっても、株主総会参考書類および議決権行使書面の交付が義務付けられます（会301Ⅰ）。また、その他、次の点にも留意が必要です。

・株主総会招集通知は、株主総会の日の2週間前までに発送しなければなりません（会299Ⅰ）。

・株主総会参考書類には法令に基づき詳細な開示が求められます（主に施規73～94）。

・原則として、招集通知は書面でしなければなりません（会299Ⅱ）。

・株主全員の同意があっても、株主総会の招集手続を省略することができません。

・議決権行使書の期限は、別段の定めがない限り、株主総会の日時の直前の営業時間の終了時（会311Ⅰ、施規69）になります。

・株主総会の日から3か月間、議決権行使書面を本店に備え置き、閲覧等に供する必要があります（会311Ⅲ～Ⅴ）。

第 3 章 | 株主総会の事務日程

1 概　要

　本章では、電子提供制度下における事業年度末日・基準日前から電子提供措置期間終了までの主な株主総会の事務日程を解説するとともに、その主要な諸手続について取り上げます。なお、電子提供制度の詳細な内容につきましては、後述の各章を参照して下さい。

　図表3-1は、計算書類関連の手続を除いた3月期決算会社の電子提供制度下の主な株主総会の事務日程となっています。

図表3-1　2024年3月期決算会社の主な事務日程（イメージ図）

日程例	時期	対応項目
3/31(日)	事業年度末日	株主総会の基準日 株主の書面交付請求期限
5/1(水)		株主提案権の行使期限
5/9(木)		取締役会（招集の決定）、 決算短信の提出（決算発表）
5/14(火)		取締役会（計算書類等の承認）
5/28(火)	電子提供措置の開始日※の前日の午後11時29分までに登録作業を完了 ※法定期日の電子提供措置開始日と異なり、実際に電子提供措置事項を掲載する日を指します。	東証サイトに公表する電子提供措置事項の登録作業を実施、独立役員届出書提出
5/29(水)	株主総会の日の3週間前の日または招集通知発送日のいずれか早い日（本日程では株主総会の日の3週間前の日である6/6(木)午前0時）まで	自社ウェブサイト等に電子提供措置事項を掲載

6 / 5 ㈬	株主総会の 2 週間前 （法定期日：6 /12 ㈬）以前	招集通知（アクセス通知）・議決権行使書を発送、 書面交付請求をした株主宛に電子提供措置事項記載書面を発送
6 /26 ㈬	直前の営業時間終了時（原則）	議決権行使書提出期限
6 /27 ㈭	基準日から 3 か月以内 （期日：6 /30 ㈰）	株主総会当日
9 /27 ㈮	株主総会の日から 3 か月間 株主総会の日後 3 か月を経過する日まで	議決権行使書等の本店備置期限 電子提供措置期間期限
	株主総会の決議の日から 3 か月以内	決議取消の訴訟期限

一口メモ │ 期間の計算等の基本的な考え方 ─────────●

　期間の計算方法については、会社法中に特別な規定はないため、民法の規定が適用されます。また過去に遡る期間の計算については、明文の規定がないため民法の規定を準用することになります。以下が該当する民法の規定となります。
① 日、週、月または年によって期間の起算点を定めたとき
　期間の初日は参入しないのが原則です（民140。初日不算入の原則といわれています）。ただし、その期間が午前 0 時から始まるときは初日が算入されます（同但書）。

（例）6 月27日から 5 日間と期間を定めた場合
　6 月28日から起算して 5 日間の末日である 7 月 2 日の終了をもって期間が満了します。

（例）6 月27日午前 0 時から 5 日間と期間を定めた場合
　6 月27日から起算して 5 日間の末日である 7 月 1 日の終了をもって期間が満了します。

② 日、週、月または年によって期間の満了点を定めたとき

期間は、その末日の終了をもって満了します（民141）。また期間の末日が日曜日、休日に当たるときは、その日に取引をしない慣習がある場合に限り、期間は、その翌日に満了します（民142）。

（例）7月2日から5日間と期間を定め、5日間の末日である7月7日が日曜日でその日に取引をしない慣習がある場合

7月3日から起算して5日間の末日である7月7日が日曜日でその日に取引をしない慣習がある場合は、翌日の7月8日の終了をもって期間が満了します。

③ 暦による期間の計算

暦による期間の計算について、週、月または年によって期間を定めたときは、その期間は暦に従って計算します（民143Ⅰ）。

週、月または年の初めから期間を起算しないときは、その期間は、最後の週、月または年においてその起算日に応当する日の前日に満了します（民143Ⅱ本文）。ただし、月または年によって期間を定めた場合において、最後の月に応当する日がないときは、その月の末日に満了します（民143Ⅱ但書）。

（例）6月27日から3か月と期間を定めた場合

起算日6月28日に応当する3か月後の日である9月28日の前日（9月27日）の終了をもって期間が満了します。

用語解説 ｜ 期間計算に関係する用語

①「～以内」とは　→「期間満了日までに」という主旨です。

（例）登記事項に変更が生じたときは、２週間以内に本店所在地において変更登記をしなければなりません（会915Ⅰ）。

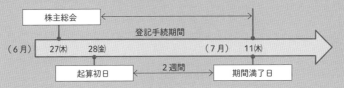

②「～前」とは →「間にその期間を必要とする」という主旨です。

（例）株主総会を招集するには、取締役は株主総会の日の２週間前までに、株主に対してその通知を発しなければなりません（会299Ⅰ）。

③「～を経過する日」とは →「期間満了日当日」という主旨です。

（例）官報または日刊新聞紙を公告方法とする会社が、定時株主総会終結の日後５年を経過する日までの間、貸借対照表の内容である情報を電磁的方法により提供する場合、公告が不要となります（会440Ⅱ）。

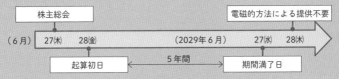

④「～を経過した日」とは →「期間満了日翌日」という主旨です。

（例）特定監査役は、事業報告を受領した日から４週間を経過した日までに、特定取締役に対して、監査報告の内容を通知しなければなりません（施規132Ⅰ①）。

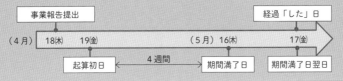

2 電子提供制度下における主な事務項目①（事業年度末日〜株主総会当日）

(1) 株主総会の基準日・開催時期の決定

　株主総会は定時株主総会・臨時株主総会に分けられます。

　定時株主総会は、毎事業年度の終了後一定の時期に招集しなければなりません（会296 I）。したがって、事業年度を1年とする通常の会社においては、毎年1回、定時株主総会を招集することになりますが、事業年度末後3か月以内に開催されるのが一般的となっています。また上場会社では、定時株主総会における議決権および期末配当金受領権に関する基準日については定款において、事業年度の末日（決算日）と定めるのが一般的となっています（**図表3-2**参照）。そして、基準日株主による議決権等の権利は、基準日から3か月以内に行使するものに限られます（会124 I・II）。

　なお、**図表3-1**では定時株主総会の日を集中日である6月27日㈭としていますが、あくまで解説上の総会日としており、最近は集中日以外の日に開催する会社が増えています。東京証券取引所上場会社における2023年6月総会の集中日の集中率は26.1％（定時総会集中日参照）となっています。

図表3-2　定款規定例

> （定時株主総会の基準日）
> 第〇条　当会社の定時株主総会の議決権の基準日は、毎年3月31日とする。

(2) 書面交付請求

　株主が、株主総会参考書類等について書面で受け取りたいと考える場合、その株主は、口座管理機関または株主名簿管理人に書面交付請求を行わなければなりません。また、株主総会の基準日が定められている場合、会社は当該基準日までに書面交付請求をした株主に対して電子提供措置事項記載書面を交付することが義務付けられています（会325の5 II）。たとえば、3月期決算会社で基準日が3月31日の会社である場合、2024年6月の株主総会の招集通知（参考書類等）を書面で受け取りたい株主は、同年3月31日までに書面

交付請求を行わなければならず、すなわち、書面交付請求が議決権行使基準日（同年3月31日）までに会社に到達している必要があります。したがって、株主名簿管理人に直接書面にて請求する場合は、郵便事情等も考慮して発送することが望ましいと言えます。また、口座管理機関（証券会社等）の場合は、証券保管振替機構を経由して株主名簿管理人に到達するまでに時間を要することがあるため、書面交付請求の受付日を株主名簿管理人の請求受付日とすると、議決権の基準日直前に行われた取次請求が基準日を越えて株主名簿管理人に到達する場合は有効な書面交付請求として扱われないこととなってしまい、書面交付請求をした株主にとって不利益が生じてしまうことになりかねないことから、株主が、口座管理機関に対して書面交付請求の取次請求をした場合には、口座管理機関における取次請求の受付日が書面交付請求の受付日になるとされています（全株懇・電子提供46頁）。この結果、発行会社が基準日における書面交付請求対象株主の総数を把握できるのは基準日以後となります。

書面交付請求自体の取扱いの詳細は第7章（p.97）を参照して下さい。

(3) 株主提案権の行使期限

株主総会の目的事項の提案は、原則として取締役会の権限ですが、少数株主権として、株主には取締役に対し、一定の事項を株主総会の目的（議題）とすることを請求することや（会303Ⅰ。議題提案権といい、総会当日の修正動議を指します）、株主総会において、株主総会の目的である事項について議案を提出することができます（会304。議案提案権といいます）。また取締役に対し、当該株主が提出しようとする議案の要領を株主に通知することを請求することもできます（会305。議案要領通知請求権といいます）。これを株主提案権といいます。公開会社である取締役会設置会社において議題提案権・議案要領通知請求権を行使できる株主は、総株主の議決権の100分の1または300個以上の議決権を6か月前から引き続き保有していることが必要とされています（会303Ⅱ・305Ⅰ但書）。また、議題提案権の行使期限は、株主総会の日の8週間前までであり（会303Ⅱ）、議案要領通知請求権も同様とされています（会305Ⅰ）。この「保有要件」「行使期限」は、定款の定めにより緩和すること

が認められています。

　また、この「行使期限」の 8 週間前の日が休日に当たる場合の取扱いについては、株主の中には、法定の期間が過ぎたとして提案権行使を断念する者もありうるから、株主平等原則との関係で、休日であっても 8 週間前の日を期限とするとの見解があります（大阪株懇（1・上）65〜66頁、大阪株懇（2）40〜42頁）。他方で、裁判例では、提案権行使の際併せて必要となる個別株主通知に関してのものですが、原告（株主）の利益になるように解しても 8 週間前の日の翌営業日までになされることが必要であるとしているものがあります（大阪地判平成24・2・8判時2146号135頁）。実際には株主総会日は事前には明らかではなく余裕をもって行使されますので、このようなケースになることは少ないと思われます。

⑷　電子提供措置の開始

　株主総会資料の電子提供措置は、株主総会の日の 3 週間前の日または招集通知（アクセス通知）の発送日のいずれか早い日までに、招集通知、株主総会参考書類および計算書類等の電子提供措置事項を自社のウェブサイト等に掲載しなければならないとされています（会325の3Ⅰ）。たとえば、6 月27日㈭に定時株主総会を開催する場合、株主総会の日の 3 週間前の日との関係においては、6 月 6 日㈭午前 0 時が法定の電子提供開始期限となります（招集通知（アクセス通知）を上記期日よりも早く発出した場合はその日の午前 0 時が期限と考えられます（塚本・電子提供制度 8 〜 9 頁））。そのため、6 月 6 日㈭午前 0 時に自社のウェブサイト等に掲載することが万が一わずかでも超えることを避けるため、その前日である 6 月 5 日㈬の日中には自社のウェブサイト等に電子提供措置を開始しておく必要があります。また、東証サイトに公表する電子提供措置事項の登録作業については、現状会社が指定する公表日の午前 1 時頃に電子提供措置事項が掲載されるため、6 月 6 日㈭午前 0 時までに電子提供措置が開始されるようにするためには、遅くとも 6 月 4 日㈫午後11時29分までに掲載の登録作業を完了し、6 月 5 日㈬を公表日とする必要がある点について注意する必要があります（**図表3-3**参照）。

　なお、実務上は法定期限よりも早期に行うことが望ましいとされています

が、仮に3週間前の日よりも前にウェブサイトに掲載したとしても、中断期間を判定するうえでの電子提供措置開始日（会325の3Ⅰ柱書）は株主総会の日の3週間前の日となります（神田ほか・座談会11頁）。

　また、電磁的方法による株主総会資料の早期提供に関する努力義務として、上場会社は電子提供措置事項を、株主総会の日の3週間前の日よりも前に電磁的方法（またはEDINETの特例）により提供するよう努めるものとすると規定されていますので、注意が必要です（上場規程施規437③）。

　電子提供措置自体の取扱いの詳細は第4章を参照して下さい（p.59～）。

図表3-3　電子提供措置に関するスケジュール例（3月期決算会社）

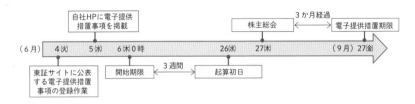

(5)　独立役員届出書の提出（変更が生じる場合）

　上場会社は、一般株主保護のため、独立役員（一般株主と利益相反が生じるおそれのない社外取締役または社外監査役）を1名以上確保することが義務付けられています（上場規程436の2）。

　この関係で、独立役員届出書を提出することになりますが、この内容に変更が生じる場合（「再任」の場合も含みます）には、原則として、変更が生じる日の2週間前までに変更内容を反映した当該届出書を証券取引所に提出する必要があります（上場規程施規436の2）。

　実務上は、電子提供措置をとる株主総会資料の電子ファイルをTDnetを通じて証券取引所に提出する際や（上場規程施規420Ⅰ）、招集通知の株主への発送に先立ってTDnetを通じて証券取引所に招集通知の電子ファイルを提出する場合はその際に、独立役員届出書を併せて提出することが考えられるとされていますので（東証・独立役員確保10頁）、株主総会参考資料を提出する際に併せて提出することになります。

⑹　**株主総会招集通知（アクセス通知）・電子提供措置事項記載書面（書面交付請求した株主のみ）・議決権行使書の発送**

　株主総会資料の電子提供制度では、株主総会の日の2週間前までに（中2週間が必要となります）、電子提供措置をとる旨やそのためのインターネット上のウェブサイトのアドレスを記載した招集通知（アクセス通知）を発しなければならないとされています（会325の4Ⅰ・Ⅱ、施規95の3）。また、株主総会の基準日までに書面交付請求をした株主に対しては、招集通知（アクセス通知）とともに、株主総会参考書類や計算書類等の電子提供措置事項記載書面を交付しなければならないとされています（会325の5Ⅱ）。

　なお、株主総会の日の「2週間前まで」とは、株主総会の日と招集通知の発送日との間の日数が、中2週間以上必要であり、たとえば6月27日㈭を株主総会の日とした場合は、遅くとも6月12日㈬までに招集通知を発送する必要があります。また、招集通知については、発信主義がとられており（新版注釈会社法⑸49頁）、通知が法定の期間前までに株主に現実に到達しない場合であっても、法定の期間前までに発信されている限り、通知は到達したものとみなされ（会126Ⅱ）、招集通知としては有効とされています（逐条解説会社法⑷75頁）。

　また、ＣＧコード補充原則1-2②において、株主が総会議案の十分な検討時間を確保することができるよう、招集通知に記載する情報の正確性を担保しつつ、その早期発送に努めるべきとされており、招集通知の発送時期の早期化が進んでいます。また、招集通知（アクセス通知）に関しても、電子提供制度導入により印刷・封入負担の軽減等の観点が図られる点から、従来より早期に発送することが期待されています。

　株主総会の招集手続の詳細は第4章を参照して下さい（p.50〜）。

⑺　**議決権行使書の提出期限**

　書面または電磁的方法による議決権行使の期限として「特定の時」を定めた場合（施規63③ロハ）は、その時が議決権の行使期限となり、定めない場合には、株主総会の日時の直前の営業時間の終了時となります（施規69・70）。

　この「特定の時」を定めた場合、「特定の時は、招集の通知を発した日か

ら 2 週間を経過した日以後の時に限る」（施規63③ロハ）とされ、この特定の時を定める場合には、「招集の通知を発した日」と「特定の時の属する日」との間が「2 週間」であることに注意する必要があります。たとえば、株主総会の日を 6 月27日㈭とし、前日 6 月26日㈬午後 6 時を議決権行使の期限（「特定の時」）と定めた場合、「招集の通知を発した日」と「特定の時の属する日」の間に「2 週間」が必要となるため、6 月11日（火）までに招集通知を発送する必要があります。

3　電子提供制度下における主な事務項目②（株主総会終了後）

(1)　議決権行使書（委任状等）の備置期間

　会社は株主総会の日から 3 か月間、議決権行使書、委任状および電磁的方法による議決権行使書の電磁的記録を本店に備え置かなければなりません（会310Ⅵ・311Ⅲ・312Ⅳ）。また株主は、営業時間内はいつでも閲覧・謄写の請求をすることができます（会310Ⅶ・311Ⅳ・312Ⅴ）。

　なお、上記の各閲覧または謄写の請求は、請求の理由を明らかにしてしなければならないものとされており、会社は一定の場合を除き、請求を拒むことができないものとされています（会310Ⅶ・Ⅷ、311Ⅳ・Ⅴ、312Ⅴ・Ⅵ）。

(2)　電子提供措置期間の期限

　株主総会資料の電子提供措置は、株主総会の日後 3 か月を経過する日までの間継続してとらなければならないとされています（会325の3Ⅰ）。

　なお、株主総会資料の電子提供措置は、電子提供措置期間中「継続して」株主が閲覧できる状態にしておかなければならないものとされています（会325の3Ⅰ）。したがって、障害の発生や改ざん等により株主が電子提供措置事項を閲覧することができない状態になってしまった場合問題になります。このような電子提供措置の中断が発生した場合、善意・無重過失であって中断時間の合計が一定の範囲内等の要件を満たせば電子提供措置の効力に影響しないとことになっています（会325の6）。なお、株主総会の日までの間に電子提供措置の中断が生じた場合は、株主総会の招集の手続が法令違反に該

当し、株主総会の決議取消事由となりえますが（会831Ⅰ①）、株主総会の日後に電子提供措置の中断が生じた場合は、株主総会の招集の手続が法令違反に該当せず、株主総会の決議取消事由となることはないと解されています（一問一答42頁）。ただし、株主総会の日後における電子提供措置の中断は、過料の制裁の対象（会976⑲）になりますので、株主総会の日後においてもサーバーの運営等に十分注意する必要があります。

電子提供措置の中断とその取扱いの詳細は第6章を参照して下さい（p.89〜）。

(3)　決議取消の提訴期限

株主総会の決議に瑕疵がある場合には、株主等は、株主総会の決議の日から3か月以内に訴えをもって、当該決議の取消しを請求することができます（会831Ⅰ）。なお、その期限日が民事訴訟法95条3項の定める休日等に該当する場合は、その翌日（休日でない日）に満了します。

また決議の取消しは、会社の本店の所在地を管轄する地方裁判所に訴えを提起しなければなりません（会835）。

(4)　書面交付の終了に関する異議催告

書面交付請求をした株主について、会社は、書面交付請求の日（または前回の書面交付終了の異議申述手続において異議を述べた場合は当該異議を述べた日）から1年を経過したときは、当該株主に対し、書面の交付を終了する旨を通知し、かつ、これに異議がある場合には催告期間（1か月以上）内に異議を述べるべき旨を催告することができます（会325の5Ⅳ）。なお、催告期間は催告が株主に到達した後、1か月以上確保する必要があります。会社法上、会社が株主に対してする通知または催告は株主名簿上の住所に対して発し、通常到達すべきであった時に到達したものとみなされるとされており（会126Ⅰ・Ⅱ）、発出日が起算点ではない点に注意が必要です（**図表3-4参照**）。当該通知・催告を受けた株主が、催告期間内に異議を述べなかった場合、当該株主の書面交付請求は、催告期間を経過した時に失効となります（会325の5Ⅴ）。

書面交付請求する株主がいる場合に、必ず当該手続を実施しなければなら

ないものではありません。また、異議申述手続は、書面交付請求の日から１年を経過した株主（たとえば、2023年９月１日に書面交付請求をした場合（書面交付請求をした日の考え方は前述のとおりです）、2024年９月２日に異議催告の対象とすることが可能となります）が生じる都度、個別に実施する必要はなく、要件を満たした株主を一定時点でとりまとめて手続を行うことでよいとされています。異議申述手続を行うかどうか、また、行う場合にどのような頻度・サイクルで実施するかについて特段の制限はないため、異議申述手続を行う場合にどのようなタイミング・方法で実施するかは、株主平等原則（会109Ⅰ）に留意しつつ、各社の裁量で判断すればよいことになります。

　なお、異議申述期間終了後に、再度書面交付請求を行うことは可能です。そのため、異議申述期間終了後に異議申述を行った株主に対応するため、異議申述書については書面交付請求書を兼ねる形として送付することも実務としては考えられます。

　異議催告自体の取扱いの詳細は第７章を参照して下さい（p.97〜）。

図表3-4　異議催告手続に関するスケジュール例（３月期決算会社）

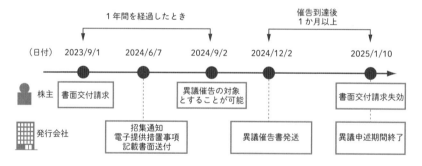

第**4**章 株主総会の招集手続

1 概　説

　株主総会を開催するためには、原則としてその開催前に株主総会の招集手続を踏む必要があります。

　そして、取締役会設置会社の場合、株主総会は、取締役会決議を経たうえで、取締役が招集することになります（少数株主が裁判所の許可を得て招集する場合を除きます）。

　これらのことは電子提供制度の下でも同様です。

　一方で、電子提供制度の下では、取締役会決議事項が従前のものと異なっていたり、株主に対する情報提供の時期や送付書面の内容が従前のものと異なったりといった違いもあります。

　そこで、本章では電子提供制度下における株主総会の招集手続について説明します。

2 株主総会の招集手続における取締役会決議事項について

⑴　概　説

　上記のとおり、取締役会設置会社が株主総会を開催するためには、原則として、取締役会が株主総会を招集する旨の決定を行ったうえで（会298Ⅳ・Ⅰ各号）、取締役が株主総会を招集することになります（会296Ⅲ）。

　株主総会を招集する旨を決定する取締役会では、法定の決議事項（電子提供制度下で新たに法定決議事項となったものを含みます）は当然として、それ以外に

ついても然るべく決議することが考えられます。以下、株主総会を招集する
旨を決定する取締役会で決議することが考えられる事項を、以下の取締役会
議事録の記載例に沿って説明します。

図表4-1　招集決定取締役会議事録例

第○号議案　第○回定時株主総会招集の件
　議長より、当社第○回定時株主総会に関し、以下のとおり招集したい旨お
よび株主総会参考書類に記載すべき事項については別添の株主総会参考書類
のとおり（＊）とし、軽微な修正については取締役社長に一任する旨を諮っ
たところ、全員異議なく承認した。
1　日時　　　　○年○月○日 午前○時
2　場所　　　　当社本店○階会議室
3　目的事項
　　報告事項　　1．第○期（○年○月○日から○年○月○日まで）事業報告
　　　　　　　　　　の内容、連結計算書類の内容ならびに会計監査人および
　　　　　　　　　　監査役会の連結計算書類監査結果報告の件
　　　　　　　　2．第○期（○年○月○日から○年○月○日まで）計算書類
　　　　　　　　　　の内容報告の件
　　決議事項　　第1号議案　剰余金の処分の件
　　　　　　　　第2号議案　取締役○名選任の件
4　株主総会の議決権行使に係る事項
　⑴　株主総会に出席しない株主は、書面または電磁的方法により議決権を
　　行使することができる。
　⑵　書面による議決権行使における各議案に賛否の記載のない場合の取扱
　　いについては、賛成の表示があったものとして取り扱う。
　⑶　書面とインターネット（※1）により重複して議決権を行使された場
　　合は、インターネットによるものを有効な議決権行使として取り扱う。
　　また、インターネットによって複数回議決権を行使された場合は、最後
　　に行われたものを有効な議決権行使として取り扱う。
　⑷　議決権行使書面記載事項を除く（※2）会社法325条の3第1項各号
　　に定める事項のほか、会社計算規則第134条第3項に基づき、連結計算
　　書類に係る会計監査報告および監査報告の内容について電子提供措置を
　　とる。
　⑸　法令および当社定款第○条の規定に基づき、書面交付請求株主に交付
　　する電子提供措置事項記載書面について、以下の事項の記載を省略する。

> 　　（略）
> (6)　議決権を有するすべての株主に対して、会社法第325条の4第2項で規
> 　　定する招集通知および議決権行使書面のほか、別添資料を書面で提供する。
> 　　　＜別添資料＞　　株主総会参考書類、提供書面

※1　議決権電子行使プラットフォームを採用している場合は、「インターネット」を「インター
　　ネット等」とすることが考えられます。
※2　後述（本章**4**(4)）のとおり、議決権行使書面に記載する事項は電子提供措置をとらず、議決
　　権行使書面を送付することになると考えられます。

⑵　法定事項について

　取締役会が決議することが考えられる法定事項としては、株主総会参考書
類の内容（施規63③イ。**図表4-1**の冒頭＊の部分）のほか、たとえば以下の(a)〜(i)
があります。なお、定款に定めがある場合等には取締役会決議を要しない場
合がありますが、通常定款で定める下記(g)の代理人の資格や数を除き、取締
役会で決議する前提で記載しています。

(a)　株主総会の日時および場所

　取締役会で、株主総会の日時と場所を決議します（会298Ⅰ①。**図表4-1**の1
および2）。

　なお、定時株主総会の開催日が前事業年度の定時株主総会の日に応当する
日と著しく離れた日である場合はその理由（たとえば、決算期変更があった場合
が理由となりえます）も決議します（施規63①イ）。

　また、定時株主総会の開催場所が過去に開催したいずれの場所とも著しく
離れた場所である場合はその理由（たとえば、本社移転があった場合が理由となり
えます）を決議します（施規63②）。

　おって、（公開会社の場合）定時株主総会の開催日が、他の公開会社が集中
して定時株主総会を開催する日と同一である場合で、当該日に決定したこと
に特に理由があるとき（たとえば、その日でなければ適当な会場が確保できない場合
が理由となりえます）には、その理由を決議します（施規63①ロ）。

(b)　株主総会の目的事項があるときは当該事項

　取締役会で、株主総会の目的事項を決議します（会298Ⅰ②。**図表4-1**の3）。

　なお、ここでいう株主総会の目的事項とは、定時株主総会における事業報

告の内容といった報告事項と、取締役選任議案といった決議事項のことを指します。

(c)　株主総会に出席しない株主が書面によって議決権を行使することができることとするときは、その旨

議決権行使書面を採用するときは、取締役会でその旨を決議します（会298Ⅰ③。**図表4-1**の4(1)）。

これは、いわゆる書面投票制度のことで、上場会社である場合や、議決権を行使できる株主が1,000人以上の会社である場合は、原則としてこれを採用する必要があります（会298Ⅱ、上場規程435等。ただし、上場会社でいわゆる委任状勧誘制度を採用する場合は適用が除外されます（会298Ⅱ但書、施規64、上場規程435但書等））。

なお、書面による議決権行使の期限は、株主総会の日時の直前の営業時間終了時となりますが（施規69）、議決権行使の期限として特定の時（業態によって営業終了時間は様々であることから、議決権の集計作業時間を勘案し、株主総会の前営業日の午後5時などといった合理的な時間を定めることも可能となっています）を定めるときは、その日時も取締役会で決議します（施規63③ロ）。この場合は、「書面および電磁的方法による議決権行使の期限は○月○日午後○時とする。」等と決議することになります（当該期限を定めた場合、当該期限の属する日の2週間前までに招集通知を発送する必要があります（施規63③ロ））。

また、議決権行使書面に賛否の表示がない場合の取扱いを定めるときは、その取扱いの内容も取締役会で決議します（施規63③ニ。**図表4-1**の4(2)）。

おって、書面投票の重複行使があり同一議案に対する議決権行使の内容が異なる場合の取扱いを定めるときは、その取扱いも取締役会で決議しますが（施規63③ヘ(1)）、通常そのような事態は発生しないため一般的には当該決議は不要と考えられます。

(d)　株主総会に出席しない株主がインターネット等の電磁的方法によって議決権を行使することができることとするときは、その旨

電磁的方法による議決権行使を採用する場合は、取締役会でその旨を決議します（会298Ⅰ④。**図表4-1**の4(1)）。

これは、いわゆる電子投票制度のことです。書面投票制度と異なり、上場

会社である場合でもこれを採用することが義務付けられているものではありませんが、ＣＧコード（補充原則1-2④）でその採用が求められていることもあり、年々、電子投票による投票率が増加傾向にあります。

　インターネット等の電磁的方法による議決権行使の期限も、株主総会の日時の直前の営業時間終了時となりますが（施規70）、議決権行使の期限として特定の時を定めるときは、取締役会でその日時を決議します（招集通知の発出は(C)同様）（規則63③ハ）。

　なお、電子投票の重複行使があり同一議案に対する議決権行使の内容が異なる場合の取扱いを定めるときは、その取扱いも取締役会で決議します（施規63③ヘ⑵。書面投票と異なり、電子投票は複数回投票することが容易であり、この取扱いの定めがないと、すでに電子投票をしたにもかかわらずその後再度電子投票され、たとえば賛成の後に反対という投票行動がとられた場合、投票が有効か無効か、いずれの投票が優先されるのかといった問題が生じえます）が、電子投票の重複行使は最終のものを採用することが一般的です。

(e)　書面投票および電子投票の双方を採用した場合で、同一議案について書面投票と電子投票とで重複行使がされ、議決権行使の内容が異なるものであるときにおける取扱いに関する事項を定めるときは、その事項

　書面投票と電子投票とで重複行使があり、同一議案に対する議決権行使の内容が異なる場合の取扱いを定めるときは、その取扱いも取締役会で決議します（施規63④ロ。**図表4-1**の4⑶。この取扱いの定めがないと、たとえば既に電子投票で賛成をしたにもかかわらずその後の書面投票では反対がされた場合（電子投票をした株主がそのことを失念し電子投票とは反対の書面投票を行うこともありえます）、投票が有効か無効か、いずれの投票が優先されるのかといった問題が生じえます）。書面投票と電子投票とで異なる議決権行使がされた場合は、書面投票または電子投票のいずれかを優先する方法、到着時刻が遅いものを優先する方法、無効票とする方法等が考えられますが、電子投票を優先することが一般的です。

　なお、上記記載は電子投票を優先する場合のものであり、後達優先の場合の記載は、「複数回議決権を行使された場合、当社に最後に到着した行使を有効な議決権行使として取り扱う。なお、インターネットによる議決権行使と議決権行使書面が同日に到着した場合は、インターネットによるものを有

効な議決権行使として取り扱う。」等となります。

(f)　**株主総会参考書類に記載すべき事項のうち、書面交付請求をした株主に対して交付する電子提供措置事項記載書面に記載しないものとする事項**

　電子提供措置事項のうち法務省令（施規95の4）で定めるものの全部または一部については、書面交付請求をした株主に対して交付する電子提供措置事項記載書面（いわゆる「交付書面」であり、概ね、ウェブサイトに掲載された招集通知に掲載されている招集通知全体を記載した書面です）に記載することを要しない旨（一部記載省略）を、定款で定めることができます（会325の5Ⅲ。多くの上場会社では、この旨の定款の定めを置いているところです）。

　当該定款の定めがあり、電子提供措置事項のうち法務省令で定めるものの全部または一部を実際に交付書面に記載しないこととする場合は、記載しない事項を取締役会で決議します（施規63③ト。**図表4-1**の4(5)。詳細は第5章〔p.66〕を参照して下さい）。

(g)　**代理人による議決権行使について、代理権を証明する方法、代理人の数その他代理人による議決権の行使に関する事項を定めるときは、その事項**

　代理人による議決権行使について、これらの事項について定めるときは、定款に定めがある場合を除き、取締役会で決議します（施規63⑤）。

　上場会社では、定款において、「株主は、当会社の議決権を有する他の株主1名を代理人として、その議決権を行使することができる。」、「株主または代理人は、株主総会ごとに代理権を証明する書面（委任状）を当会社に提出しなければならない。」等と代理人の資格および人数を規定している場合が多いため、取締役会決議の対象としないことも考えられます。

　ただし、株券電子化に伴って印鑑票が廃止されたことから、代理権の付与に係る株主本人の意思確認手段（本人確認書類の提出等）を取締役会決議により定める例もあります。

(h)　**議決権不統一行使の事前予告通知の方法を定めるときはその方法**

　通常、株主は、その有する議決権の全部をもって議案への賛否を表明しますが、たとえば信託の受託者である株主のように他人のために株式を有する者には、その他人の意向を反映するため、議決権の不統一行使を認める必要

があります。会社法にはそうした場合の規定があり、株主は、議決権の不統
一行使を行う場合、会社に対して不統一行使をする旨とその理由を、株主総
会の日の 3 日前までに通知しなければならないこととされています（会313
Ⅱ。ただし、会社は、当該株主が他人のために株式を有する者でないときは、議決権の不
統一行使を拒むことができます（会313Ⅲ））。

　当該議決権不統一行使の事前予告通知の方法を定めるときは、定款の定め
がある場合を除き、取締役会で決議します（施規63⑥）。

　ただし、不統一行使を行うのは一般的には機関投資家ですので、当該定款
や決議がなくとも実務的にはあまり問題にならないと考えられます。

(i)　その他

　電磁的方法により招集通知を発出する制度を利用する会社においては、招
集通知を書面ではなくインターネットメール等の電磁的方法によって提供す
ることが可能となりますが、電磁的方法により通知を発することを承諾した
株主から議決権行使書面の交付請求があった場合にこれを交付することとす
るときはその旨（施規63④イ）や、電子提供措置をとる旨の定款の定めがある
場合において、電磁的方法により招集通知を会社が発することにつき承諾し
た株主の請求があった時に議決権行使書面に記載すべき事項（当該株主に係る
事項に限る）に係る情報について電子提供措置をとることとするときはその
旨（施規63④ハ）も取締役会で決議します。ただし、電磁的方法により招集通
知を発出する制度を採用する上場会社は少数です（全株懇・2023年調査報告28頁
によれば、「電磁的方法（電子メール）による招集通知の発出」をした上場会社は61社と
なっています）。

　なお、会社法施行規則94条 1 項の措置（ウェブ開示によるみなし提供）をとる
ことにより株主に対して提供する株主総会参考書類に記載しないものとする
事項（施規63③ホ）も法定事項ですが、電子提供措置をとる会社では定款の定
めに基づくウェブ開示は通常行われないので、取締役会決議はしないことに
なると考えられます。

　おって、株主総会参考書類が提供されない場合は特定の事項（施規63⑦）
に係る議案の概要を取締役会で決議しますが、いわゆる書面投票制度や電子
投票制度では株主総会参考書類が提供されますので、通常は取締役会決議は

しないことになると考えられます。

(3)　法定事項以外等について

　上記(2)の法定事項以外についても、その重要性を踏まえ、任意的事項として取締役会決議を取っておく事項も考えられます。

(a)　連結計算書類に係る会計監査報告および監査報告の電子提供措置

　連結計算書類に係る会計監査報告および監査報告は電子提供措置事項に該当しません（会325の2。一口メモ「電子提供措置をとっても『電子提供措置事項』に含まれない？」〔p.58〕参照）が、法令上は招集通知とともに交付する義務はない連結計算書類に係る会計監査報告および監査報告を交付する実務が一般的であったこと等から、法定の招集決定事項ではありませんが、実務上その対象として決議しておくものです（**図表4-1**の4(4)）。

(b)　電子提供措置事項記載書面に記載すべき事項の一部記載省略

　電子提供措置事項記載書面に記載すべき事項の一部記載省略を認める定款の定めがある場合（会325の5Ⅲ）に、当該省略事項を決議するものです（施規95の4。**図表4-1**の4(5)）。

　当該省略については、株主総会参考書類以外は取締役会決議事項ではないものの（施規63③ト）、事業報告に関する事項、連結計算書類に関する事項および計算書類に関する事項についても、株主に対する情報提供手段に関するものであることから取締役会決議の対象としておくことが考えられます。

(c)　任意の送付書面

　図表4-1の4(6)は、会社法325条の4第2項で規定する招集通知（法律上、書面にて株主に通知しなければならない事項が記載された招集通知）および実務上（電子提供措置をとらず）書面にて株主に送付することになることが想定される議決権行使書面以外に、任意の送付書面を株主に提供する場合の記載例です。

　（なお、以下、発送形態の分類を示す際には、招集通知の記載事項に応じて、①書面で送付すべき最低限の事項が記載された形の招集通知を「アクセス通知」、②（①を超えて）任意の情報を追加した形の招集通知を「サマリー」、③（②を超えて）書面交付請求株主に交付する書面と同様の形の招集通知を「フルセット」と区分して説明します。詳細は第5章〔p.66〕を参照して下さい）。

　すなわち、電子提供制度においては、アクセス通知のみを書面で発出することで足り、加えて実務上は議決権行使書を同封する取扱いとなることが一般的ですが、さらにそれ以外のものを任意に書面で提供することも禁止されるものでもありません。提供書面としては、アクセス通知に加えて議案といった一部の情報も書面にて送付するもの（いわゆるサマリー）や、（議案等のみではなく）電子提供措置事項記載書面も送付するもの（いわゆるフルセット）も考えられます。

　これは、任意の送付書面が、情報提供がその態様からして著しく不公正な場合、株主総会決議取消事由に該当する旨の説明がある（中間試案補足説明14頁）ことから、任意の送付書面の内容が著しく不公正なものでないことを取締役会で確認等するため、法定の決議事項ではないものの書面で提供する資料を取締役会で決議するものです。

一口メモ │ 電子提供措置をとっても「電子提供措置事項」に含まれない？──●

　電子提供措置をとる旨の定款の定めがある会社の取締役が電子提供措置をとらなければならない「電子提供措置事項」は、会社法325条の3第1項各号に定められています。通常は、たとえば、会社法298条1項各号に掲げる事項、株主総会参考書類に記載すべき事項、事業報告および計算書類（監査報告または会計監査報告を含む）に記載・記録された事項等がこれに当たります。

　その一方で、連結計算書類に記載・記録された事項について、連結計算書類に係る監査報告または会計監査報告は、電子提供措置をとることを要しない一方で、連結計算書類に係る監査報告または会計監査報告があり、かつ、その内容をも株主に対して提供することを定めたときは、当該提供に代えて当該監査報告または会計監査報告に記載・記録された事項にかかる情報についても電子提供措置をとることができます（計規134Ⅲ）。

　しかし、この場合であっても、当該連結計算書類に係る監査報告または会計監査報告が、会社法325条の5第1項に定める「電子提供措置事項」に含まれることになるわけではないと解されています（意見募集結果第3の1(11)⑦）。したがって、文書上「電子提供措置事項」「電子提供措置事項記載書面」と記載する場合、厳密にいえば「連携計算書類に係る監査報告および会計監査報告」は含まれていないことに注意が必要です。

3 電子提供措置

(1)　概　説

　電子提供制度下では、上記**2**のように、株主総会を招集する取締役会決議を行った後は、株主総会参考書類等の内容である情報についてウェブサイト上にアップロードすること等により、株主が電磁的方法により当該情報を受け取ることができる措置（電子提供措置）をとることになります。

　この電子提供措置は、株主総会の開催日の3週間前の日または招集通知発送日のいずれか早い日までに行う必要がありますが、電子提供措置に係る詳細な時系列を整理するためには、まずはどのウェブサイトに電子提供措置をとるかの整理が必要になります。

　そこで、まずはじめに、どのウェブサイトにおいて電子提供措置をとるのかについて説明します。

(2)　どのウェブサイトに電子提供措置をとるのか

　基本的には、自社ホームページを当該ウェブサイトとして用いることが考えられますが、会社法は電子提供措置をとるウェブサイトの数を限定していないため、複数のウェブサイトにおいて電子提供措置をとることが可能です。

　たとえば、自社ホームページを利用しつつ、第1のバックアップとして東証上場会社情報サービスといった証券取引所ホームページのウェブサイトを利用して電子提供措置をとることが可能です（ただし、サイトシステム上の一定の制約が伴う点や、障害・メンテナンスその他の理由によりサイト上の情報にアクセスができない状況が発生した場合であっても取引所はそれによる損害等についての責任を負いかねる点等を予め了承しておく必要があります）。また、さらなるバックアップとして、その他ウェブサイトを用意することも考えられます（この方法は、後述する「電子提供措置の中断」の点のリスク回避の点でも有用な方法となります）。

　ただし、当該複数のウェブサイトのURL等の情報については、いずれも招集通知（アクセス通知）に記載をしておく必要があります（記載例は第5章〔p.66〕を参照して下さい）。なお、日経500に属する2023年3月期決算の三井住友信託銀行グループ証券代行受託会社を対象とした調査では、電子提供措置

の場所として、自社ホームページを利用した会社が10割、取引所ウェブサイトを利用した会社が9割を超え、その他のものを利用した会社も3割を超えています。

(3)　いつ電子提供措置をとるのか（電子提供措置の開始）

(a)　総　論

　電子提供措置は、①株主総会の開催日の3週間前の日、または②招集通知発送日のいずれか早い日までに行う必要があります（会325の3Ⅰ）。

　なお、①の点については、たとえば6月27日㈭が株主総会の日であれば、6月6日㈭午前0時には電子提供措置がされている必要があります。

　また、②の点では、たとえば6月5日㈬に招集通知を発送する場合は6月5日㈬に電子提供措置がされている必要があることになりますが、より具体的には6月5日㈬午前0時までに電子提供措置を開始しなければならない旨の考え方も示されているため留意が必要です（塚本・電子提供制度8～9頁）。

(b)　いつ電子提供措置をとるのか（法令が要請する最終期限のやり方）

　上記のとおり、法令上は、電子提供措置をとらなければならないのは、株主総会の開催日の3週間前の日または招集通知発送日のいずれか早い日までですから、たとえば株主総会開催日の3週間前の日から2週間前の日のいずれかの日に招集通知を発送する場合、電子提供措置をとる期限は株主総会開催日の3週間前の日となります。

　この場合は、たとえば、6月27日㈭が株主総会の日であれば、6月6日㈭午前0時までに電子提供措置が開始されていれば足りることになりますので、自社ホームページにアップロードする場合は、遅くとも6月5日㈬中にはアップロードを終えておく必要があります。一方で、上記東証上場会社情報サービスも利用して電子提供措置をとる場合は留意が必要です。すなわち、TDnetへの登録作業を行った株主総会参考書類等が掲載されるのは、現状では会社が指定する公表日の午前1時頃とされていることから、6月6日㈭午前0時までに電子提供措置が開始されるようにするためには、遅くとも6月4日㈫に6月5日㈬を公表日とする登録作業を済ませておくことが無難です。

(c)　いつ電子提供措置をとるのか（実務的に考えられるやり方）

　上記のとおり、法定の最低限の要請を満たすためには、株主総会の日の3週間前の日に電子提供措置をとることもありえますが、情報の早期開示等の観点（上場規程施規437②は、株主総会招集通知の早期発送の努力義務を規定しています）からは、たとえば、株主総会の日の4週間前の日に電子提供措置をとったうえで、招集通知（アクセス通知）については株主総会の日の3週間程度前に発送することも考えられます。

　実際、日経500に属する2023年3月期決算の三井住友信託銀行グループ証券代行受託会社を対象とした調査では、株主総会の日の4週間以上前に電子提供措置をとった会社の割合は5割を超えていました。

(4)　いつまで電子提供措置をとるのか

　電子提供措置は、株主総会の日の3週間前の日または招集通知を発した日のいずれか早い日から、株主総会の日の後3か月を経過する日まで（以下「電子提供措置期間」といいます）継続して行われている必要があります。

　なお、万が一、サーバーが落ちたりハッキングを受けたりすることで、電子提供措置期間において継続して電子提供措置を行えないことや、電子提供措置事項が改ざんされてしまう可能性もありますが、このような電子提供措置の「中断」があった場合については第6章で説明します（p.89～）。

4　招集通知等の発送

(1)　総　論

　電子提供制度下では、株主総会の開催日の3週間前の日または招集通知発送日のいずれか早い日までに電子提供措置を取るとともに、株主総会の開催日の遅くとも2週間前までに招集通知（アクセス通知）を発送することになります。このことは、電子提供制度下においても、上場会社の招集通知の発送日自体には法令上の変更が行われていないことを意味します。

　一方で、電子提供制度下においては、紙の招集通知に法令上記載することが必要な事項が大幅に削減されていることから（招集通知記載事項の詳細につい

ては第 5 章〔p.66〕で説明します）、株主は、紙の招集通知から大幅に削減された情報については、電子提供措置がとられたウェブサイトで確認することが原則になります。しかし、インターネットの利用が困難な株主（いわゆるデジタル・デバイドの問題）等は、会社に対し電子提供措置事項を記載した書面の交付を請求することができることになっています（会325の 5 Ⅰ）。

　以下では、電子提供制度下における招集通知の発送、書面交付請求株主に対する電子提供措置事項を記載した書面の交付等について説明します（書面交付請求そのものについては、第 7 章〔p.97〕にて説明します）。

(2)　招集通知（アクセス通知）の発送

　会社は、株主総会の招集通知（アクセス通知）を、遅くとも株主総会の日の2 週間前に株主に発出する必要があります（会325の 4 Ⅰ・299Ⅰ。ただし、実務的には、招集通知（アクセス通知）については株主総会の日の 3 週間程度前に発送することが考えられることは前述のとおりです）。

　なお、当該招集通知については、日経500に属する2023年 3 月期決算の三井住友信託銀行グループ証券代行受託会社を対象とした調査では、アクセス通知が 7 ％、サマリー29％、フルセット64％という結果になりました（第 5章図表10〔p.85〕参照）。ただし、株主数別にみると、株主数の多い会社ほどフルセット採用の割合が低くなり、株主数の少ない会社ほどフルセット採用の割合が高くなる傾向があります（株主数が多いほど、紙削減やコストカットのメリットを享受できることが 1 つの要因と思われます）。

(3)　書面交付請求株主に対する電子提供措置事項記載書面の発送

　株主総会の基準日までに請求するといった法定の要件を満たす適法な書面交付請求をした株主に対しては、取締役は、株主総会の招集通知に際して、電子提供措置事項を記載した書面を交付しなければなりません（会325の 5 Ⅱ）。

　株主総会の招集通知に「際して」とされていることから、当該書面は、株主総会の招集通知（アクセス通知）とともに送付することになると考えられます。したがって、招集通知（アクセス通知）について株主総会の日の 3 週間程度前に発送するのであれば、電子提供措置事項を記載した書面についても同

様に3週間程度前に（招集通知（アクセス通知）とともに）発送することになります。

(4)　議決権行使書面の交付

　会社が書面による議決権行使（書面投票）を認めるときは、議決権行使書面に記載すべき事項に係る情報についても電子提供措置をとることとなっていますが（会325の3Ⅰ②・299Ⅱ①）、議決権行使書面についての電子提供措置には例外が設けられています。

　すなわち、取締役が株主総会の招集の通知に際して株主に対し議決権行使書面を交付するときは、議決権行使書面に記載すべき事項に係る情報については電子提供措置をとることを要しないこととされています（会325の3Ⅱ）。

　前述のとおり、議決権行使書面に記載する事項は、氏名および議決権の数等、株主ごとに異なる（施規66Ⅰ）ことから、通常は自社ホームページのみで提供することは困難と考えられ、その場合は、電子提供制度下においても当面は招集通知（アクセス通知）とともに議決権行使書面を送付することになると考えられます。

5 電子提供措置事項に修正が生じた場合の処理

(1)　概　要

　電子提供措置をとった後、電子提供措置事項に修正が必要な場合が起こりえます。このことは、招集通知の発出後であっても同様ですが、以下、具体的にどのように電子提供措置事項の修正を行うかについて説明します。

(2)　電子提供措置事項の修正

　電子提供措置事項について修正すべき事情が生じた場合は、その旨および修正前の事項に係る情報について電子提供措置をとることとなっています（会325の3Ⅰ⑦）。修正後の内容も電子提供措置事項となるため、書面交付請求をした株主に対しては、これらの事項を記載した電子提供措置事項記載書面を交付することになります（会325の5Ⅰ・325の3Ⅰ⑦）。

　一方で、株主総会の招集通知を発出した後に電子提供措置事項を修正した場合は、従来のいわゆるウェブ修正の方法により修正後の事項を株主に周知させる方法をウェブサイトに掲載する方法と定め株主総会の招集の通知と併せて通知していたときであって当該方法によって修正をするときは、書面交付請求をした株主に対し電子提供措置事項を修正した旨および修正前の事項を記載した書面を別途交付することは要しないと解されています（一問一答31頁）。

　おって、電子提供措置事項における修正について、いかなる事項を修正することができるかについては明文の規定が置かれておらず解釈に委ねられていますが、改正前のウェブ修正によってすることができる株主総会参考書類等の修正と同様、誤記の修正や電子提供措置の開始後に生じた事情に基づくやむを得ない修正等であって、内容の実質的な変更とならないものに限られるものと解されます（一問一答30頁）。たとえば、議題や議案の追加や変更となる修正は認められず、取締役選任議案における候補者の追加や変更なども認められないと解されます。

図表4-2　電子提供措置事項修正時の追加掲載例

　　　　　　　　　　　　　　　　　　　　　　　　　　　　○年○月○日

　　株主各位

　　　　　　　　　　　　　　　　　　　　　　　株式会社　　　○
　　　　　　　　　　　　　　　　　　　　　　　代表取締役　　○

　　　　　　　　　　　電子提供措置事項の一部修正について

　　○年○月○日付にて、株主の皆様あてにご提供いたしました標記書類につきまして、記載内容に一部誤記がありましたので、本ウェブサイトをもって下記のとおり修正のご連絡をさせていただきます。

　　　　　　　　　　　　　　　　　記

　　修正箇所　第○回定時株主総会招集ご通知　　○頁

```
修正前　　○○○
修正後　　○●○
```

6　その他（招集手続の瑕疵）

　株主総会資料の電子提供制度は、株主総会の招集手続に関する特則であり、電子提供措置、招集通知の発送、書面交付請求株主に送付する電子提供措置事項記載書面については、原則としてすべて招集手続として行われるものであるため、これらの瑕疵は招集手続の瑕疵となる点に留意が必要です。

　たとえば、電子提供措置が株主総会の日の3週間前の日までに実施されていなかったり、電子提供措置の中断（いわゆるセーフ・ハーバー・ルールによる手当（会325の6）が及ばない場合　第6章〔p.89〕参照）があったり、招集通知の発出や書面交付請求株主に対する電子提供措置事項記載書面の交付が株主総会の日の2週間前までに行われていなかったりといった瑕疵は、招集手続の法令違反（会831Ⅰ①）として株主総会決議の取消事由となる可能性があるため留意が必要です。

第 **5** 章 | 招集通知（アクセス通知）と
電子提供措置事項記載書面

1 概　説

　電子提供措置をとる旨の定款の定めがある会社の取締役は、株主総会の招集の手続を行うときに、株主総会参考書類等（株主総会参考書類、議決権行使書面、計算書類および事業報告〔監査報告または会計監査報告を含む〕、連結計算書類のことをいいます（会325の 2 ））の内容である情報について電子提供措置をとったうえで、株主総会の日時、場所および電子提供措置をとっているウェブサイトのアドレス等を記載した招集通知を株主に送付しなければなりません（会325の 3 Ⅰ・325の 4 Ⅱ）。実務上、この招集通知のことをアクセス通知と呼称しています。なお、議決権行使書面を交付するときは、議決権行使書面の記載事項に係る情報について電子提供措置をとることを要しません（会325の 3 Ⅱ）。

　また、議決権の基準日までに書面交付請求をした株主に対しては、招集通知（アクセス通知）とともに、電子提供措置事項を記載した書面（電子提供措置事項記載書面）を交付しなければなりません（会325の 5 Ⅱ）。電子提供措置事項は、従来の広義の招集通知に相当するものであり、電子提供措置事項記載書面は、ウェブサイトに掲載された電子提供措置事項を印刷したものです。実務上、この書面のことを交付書面と呼称しています。

　本章では、招集通知（アクセス通知）および電子提供措置事項記載書面（交付書面）の記載事項等について説明します。

用語解説｜狭義の招集通知と広義の招集通知

　「狭義の招集通知」とは、会社法298条1項各号に掲げる事項、すなわち株主総会の日時・場所、目的事項等および招集の決定事項を記載または記録し、株主に対して発する通知のことをいいます。

　「広義の招集通知」とは、狭義の招集通知に株主総会参考書類、事業報告、連結計算書類、計算書類および（会計）監査報告を添付した書類のことをいいます。

　狭義の招集通知と広義の招集通知は、いずれも実務上の呼称です。

2　招集通知（アクセス通知）の記載事項

　会社は、株主総会の日の2週間前までに、議決権を有するすべての株主に対して株主総会の招集通知（アクセス通知）を発しなければなりません（会325の4Ⅰ・299Ⅰ）。

　招集通知（アクセス通知）の記載事項は、株主が、株主総会参考書類等が掲載されているウェブサイトにアクセスすることを促すために重要である事項に限定されています（**図表5-1**参照）。

図表5-1　招集通知（アクセス通知）の記載事項（会325の4Ⅱ）

①会社法298条1項1号～4号に掲げる事項（会325の4Ⅱ柱書）
・株主総会の日時および場所（会298Ⅰ①）
・株主総会の目的である事項があるときは、当該事項（会298Ⅰ②）
・株主総会に出席しない株主が書面によって議決権を行使すること（書面投票）ができることとするときは、その旨（会298Ⅰ③）
・株主総会に出席しない株主が電磁的方法によって議決権を行使すること（電子投票）ができることとするときは、その旨（会298Ⅰ④）

②電子提供措置をとっているときは、その旨（会325の4Ⅱ①）

③開示用電子情報処理組織（EDINET）を使用して電子提供措置開始日までに

電子提供措置事項（定時株主総会に係るものに限り、議決権行使書面に記載すべき事項を除く。）を記載した有価証券報告書の提出手続を行ったときは、その旨（会325条の4Ⅱ②）

④その他法務省令（施規95の3Ⅰ）で定める事項（会325の4Ⅱ③）
・電子提供措置をとっているときは、電子提供措置をとっているウェブサイトのアドレス等（施規95の3Ⅰ①）
・開示用電子情報処理組織（EDINET）を使用して電子提供措置事項を記載した有価証券報告書の提出手続を行ったときは、EDINETのウェブサイトのアドレス等（施規95の3Ⅰ②）

用語解説 | EDINET

　EDINETとは、Electronic Disclosure for Investors' NETworkの略称で、有価証券報告書、有価証券届出書、大量保有報告書等の開示書類について、その提出から公衆縦覧等に至るまでの一連の手続を電子化するために開発されたシステムです。金融商品取引法上の開示書類は、EDINETを通じて提出することが義務付けられています。

3 電子提供措置事項

　株主総会資料の電子提供制度のもとでは、株主総会の招集通知（アクセス通知）を株主に書面で送付して、株主総会参考書類等はインターネット上のウェブサイトに掲載することによって株主に提供することになります（招集通知（アクセス通知）に加えて任意の書類を送付する場合の取扱いについては、後記**6**〔p.82〕参照）。電子提供措置は、株主総会の日の3週間前の日または招集通知（アクセス通知）を発した日のいずれか早い日までに開始しなければなりません（会325の3Ⅰ）。なお、上場会社は、証券取引所の上場規則によって、株主総会の日の3週間前の日よりも前に電子提供措置を開始するよう努めることが求められています（上場規程446、上場規程施規437③）。

電子提供措置事項は、**図表5-2**に記載のとおりです（会325の3Ⅰ）。

図表5-2　電子提供措置事項（会325の3Ⅰ）

①会社法298条1項各号に掲げる事項（会325の3Ⅰ①）
- 株主総会の日時および場所（会298Ⅰ①）
- 株主総会の目的である事項があるときは、当該事項（会298Ⅰ②）
- 株主総会に出席しない株主が書面によって議決権を行使すること（書面投票）ができることとするときは、その旨（会298Ⅰ③）
- 株主総会に出席しない株主が電磁的方法によって議決権を行使すること（電子投票）ができることとするときは、その旨（会298Ⅰ④）
- その他法務省令（施規63）で定める事項（会298Ⅰ⑤）
- 定時株主総会の日が前事業年度に係る定時株主総会の日に応当する日と著しく離れた日であること、定時株主総会の日と同一の日において定時株主総会を開催する他の会社が著しく多いこと、のいずれかに該当するときは、その日時を決定した理由（施規63①）
- 株主総会の場所が過去に開催した株主総会のいずれの場所とも著しく離れた場所であるときは、その場所を決定した理由（当該場所が定款で定められたものである場合や当該場所で決定することについて株主総会に出席しない株主全員の同意がある場合を除く）（施規63②）
- 書面投票または電子投票をすることができる旨を定めたときは、株主総会参考書類に記載すべき事項（施規63③イ）、特定の時をもって議決権の行使の期限とする旨を定めるときは、その特定の時（施規63③ロ・ハ）、議決権行使書面に賛否の記載がない場合の取扱い（施規63③ニ）、書面投票の重複行使の取扱い（施規63③ヘ⑴）、電子投票の重複行使の取扱い（施規63③ヘ⑵）、株主総会参考書類に記載すべき事項のうち、定款の定めに基づき電子提供措置事項記載書面（交付書面）に記載しないものとする事項（施規63③ト）
- 書面投票および電子投票をすることができる旨を定めたときは、電磁的方法による招集通知の発出を承諾した株主から議決権行使書面の交付請求があった時に議決権行使書面の交付をすることとするときは、その旨（施規63④イ）、書面投票と電子投票の重複行使の取扱い（施規63④ロ）、電磁的方法による招集通知の発出を承諾した株主の請求があった時に議決権行使書面に記載すべき事項に係る情報について電子提供措置をとることとするときは、その旨（施規63④ハ）

・代理人による議決権行使について、代理権を証明する方法、代理人の数その他代理人による議決権行使に関する事項（定款に定めがある場合を除く）（施規63⑤）
・議決権の不統一行使の事前通知の方法を定めるときは、その方法（定款に定めがある場合を除く）（施規63⑥）

②書面投票をすることができることとするときは、株主総会参考書類および議決権行使書面に記載すべき事項（会325の3Ⅰ②）
※取締役が株主総会の招集の通知に際して株主に対し議決権行使書面を交付するときは、議決権行使書面に記載すべき事項に係る情報については、電子提供措置をとることを要しません（会325の3Ⅱ）。

③電子投票をすることができることとするときは、株主総会参考書類に記載すべき事項（会325の3Ⅰ③）

④株主提案の議案に係る要領の通知請求（会305条Ⅰ）があった場合には、当該議案の要領（会325の3Ⅰ④）

⑤計算書類および事業報告に記載され、または記録された事項（監査報告または会計監査報告を含む）（会325の3Ⅰ⑤）

⑥連結計算書類に記載され、または記録された事項（会325の3Ⅰ⑥）
※連結計算書類に係る会計監査報告または監査報告の内容をも株主に対して提供することを定めたときは、当該会計監査報告または監査報告に記載され、または記録された事項に係る情報について電子提供措置をとることができます（計規134Ⅲ）。

⑦上記①～⑥に掲げる事項を修正したときは、その旨および修正前の事項（会325の3Ⅰ⑦）

4　招集通知（アクセス通知）記載例

⑴　招集通知（アクセス通知）の記載事項と電子提供措置事項の相違

　招集通知（アクセス通知）の記載事項と電子提供措置事項は、前記**図表5-1**と**図表5-2**に記載のとおりであり、招集通知（アクセス通知）と電子提供措置

事項のうち狭義の招集通知に相当する部分の間には相違点がある一方で、会社法298条１項各号に掲げる事項には共通点もあります。具体的には、同条１項１号から４号に掲げる事項が重複しています（**図表5-3**参照）。

図表5-3　招集通知（アクセス通知）と電子提供措置事項のうち狭義の招集通知に相当する部分の相違

項目	招集通知（アクセス通知）	電子提供措置事項
①会社法298条１項１号～４号に掲げる事項 ・株主総会の日時および場所（会298Ⅰ①） ・株主総会の目的である事項があるときは、当該事項（会298Ⅰ②） ・株主総会に出席しない株主が書面によって議決権を行使すること（書面投票）ができることとするときは、その旨（会298Ⅰ③） ・株主総会に出席しない株主が電磁的方法によって議決権を行使すること（電子投票）ができることとするときは、その旨（会298Ⅰ④）	○	○
②その他法務省令（施規63）で定める事項（会298Ⅰ⑤） 　**図表5-2**①参照	×	○
③電子提供措置をとっているときは、その旨（会325の4Ⅱ①）	○	×
④開示用電子情報処理組織（EDINET）を使用して電子提供措置開始日までに電子提供措置事項（定時株主総会に係るものに限り、議決権行使書面に記載すべき事項を除く。）を記載した有価証券報告書の提出手続を行ったときは、その旨（会325の4Ⅱ②）	○	×
⑤その他法務省令（施規95の3Ⅰ）で定める事項（会325の4Ⅱ③） ・電子提供措置をとっているときは、電子提供措置をとっているウェブサイトのアドレス等（施規95の3Ⅰ①） ・開示用電子情報処理組織（EDINET）を使用して電子提供措置事項を記載した有価証券報告書の提出手続を行ったときは、EDINETのウェブサイトのアドレス等（施規95の3Ⅰ②）	○	×

(2)　招集通知（アクセス通知）記載例

　図表5-3に記載のとおり、招集通知（アクセス通知）の記載事項のうち、会

社法298条 1 項 1 号から 4 号に掲げる事項は電子提供措置事項と重複しています。招集通知（アクセス通知）と電子提供措置事項の 2 つの書類またはファイルを作成することによる事務負担を軽減するため、また、修正漏れなどによって両者の内容に相違が生じるリスクを回避するため、電子提供措置事項の一部（会社法298条 1 項 5 号に基づき会社法施行規則63条に定める事項）を含めた共通の招集通知（アクセス通知）を作成することが考えられます（**図表5-4**参照）。これによって、書面交付請求を行っていない株主に対しては、共通の招集通知（アクセス通知）を送付するとともに、書面交付請求を行った株主に対しては、共通の招集通知（アクセス通知）に電子提供措置事項の他の部分を記載した書面を統合して交付することが考えられます。**図表5-5**（p.74）は、共通の招集通知（アクセス通知）の記載例です。

　実務上、狭義の招集通知に発送日を記載する慣行がありますが、招集通知（アクセス通知）にも発送日を記載するとともに、電子提供措置の開始日（電子提供措置事項をインターネット上のウェブサイトに掲載する日）を併記することが考えられます（記載例は**図表5-5**（※ 1 ））。

　また、自社のウェブサイトで電子提供措置事項を閲覧できない事態が生じたときの備えとして、東京証券取引所の公衆縦覧用サイトをバックアップサイトとして利用する場合は、上場会社情報サービスのトップページのURLを記載することが求められており、当該トップページから各社の電子提供措置事項の掲載場所までのアクセス方法を併記する必要があります（東証・ウェブサイト利用時留意点参照）（記載例は**図表5-5**（※ 2 ））。ウェブサイトのURLを記載する方法では株主が電子提供措置をとっているページに到達するために十分ではない場合には、会社法施行規則95条の 3 Ⅰ①の「その他の当該者が当該情報の内容を閲覧し、当該電子計算機に備えられたファイルに当該情報を記録するために必要な事項」として、株主が当該ページに到達するために必要な情報を記載しなければならないと解されていることを踏まえた対応です（渡辺ほか・省令解説16頁）。

　なお、議決権行使書面に賛否の記載がない場合の取扱いは電子提供措置事項となっているため、招集通知（アクセス通知）への記載が必要です（議決権行使書面への記載をもって、招集通知（アクセス通知）への記載を省略することはできませ

ん。施66Ⅳ参照）（記載例は**図表5-5**（※3））。

　招集通知（アクセス通知）の欄外余白（点線以下の部分）には、株主へのお願いやお知らせを記載します。記載例では、会社法施行規則95条の4第2項に掲げる事項を株主に通知する場合の文言（記載例は**図表5-5**（※4））と電子提供措置事項に修正をすべき事情が生じた場合に、修正後の事項を株主に周知する方法（記載例は**図表5-5**（※5））を記載しています。後者については、電子提供措置事項に修正をすべき事情が生じた場合に、修正後の事項を株主に周知する方法をウェブサイトに掲載する方法（いわゆるウェブ修正）と定め、株主総会の招集通知とあわせて通知することができると解されています（一問一答30〜31頁）。

図表5-4　共通の招集通知（アクセス通知）の作成

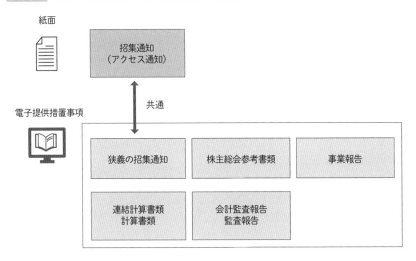

図表5-5　電子提供措置事項の一部を網羅した招集通知（アクセス通知）記載例

（下線部分は招集通知（アクセス通知）の法定記載事項を示しています。また、網掛けは電子提供措置事項である狭義の招集通知に固有の法定記載事項を示しています。）

証券コード〇〇〇〇

〇〇〇〇年〇月〇日

（電子提供措置の開始日）〇〇〇〇年〇月〇日（※1）

株主各位

〇〇市〇〇区〇〇町〇丁目〇番〇号

〇〇〇〇株式会社

取締役社長　〇〇〇〇

第〇回定時株主総会招集ご通知

拝啓　平素は格別のご高配を賜り厚くお礼申しあげます。

　さて、当社第〇回定時株主総会を下記のとおり開催いたしますので、ご通知申しあげます。

　本株主総会は電子提供措置をとっており、会社法第325条の3の規定により、電子提供措置事項をインターネット上の当社ウェブサイトに掲載しておりますので、以下のURLにアクセスのうえご確認くださいますようお願い申しあげます。

　当社ウェブサイト　https//www.●●●.co.jp/　　QRコード

　電子提供措置事項は、インターネット上の当社ウェブサイトのほか、東京証券取引所ウェブサイトにも掲載しております。当社ウェブサイトにて、電子提供措置事項を閲覧できない場合には、以下の東京証券取引所ウェブサイト（上場会社情報サービス）にアクセスのうえ、銘柄名（会社名）または証券コードを入力・検索し、基本情報、縦覧書類/PR情報を選択のうえ、株主総会招集通知の情報を閲覧ください。（※2）

　東京証券取引所ウェブサイト（上場会社情報サービス）　　QRコード

　https://www2.jpx.co.jp/tseHpFront/JJK010010Action.do?Show=Show

　なお、当日ご出席されない場合は、インターネットまたは書面（郵送）により議決権を行使することができます。お手数ながら株主総会参考書類をご検討くださいまして、後述のご案内に従って〇〇〇〇年〇月〇日（〇曜日）

午後〇時までに議決権を行使してくださいますようお願い申しあげます。（注）

敬具

記

1．<u>日時</u>　〇〇〇〇年〇月〇日（〇曜日）午前〇時

2．<u>場所</u>　〇〇市〇〇区〇〇町〇丁目〇番〇号　当社会議室

　　　　　（末尾の「株主総会会場ご案内図」をご参照ください。）

3．<u>目的事項</u>

　　報告事項

　　　　〇〇〇〇の件

　　決議事項

　　　　〇〇〇〇の件

4．<u>議決権行使についてのご案内</u>

(1)　インターネットによる議決権行使のご案内

インターネットにより議決権を行使される場合には、〇頁の「議決権行使のご案内」に従って、〇〇〇〇年〇月〇日（〇曜日）午後〇時までに行使してください。

(2)　書面（郵送）による議決権行使のご案内

同封の議決権行使書用紙に議案に対する賛否をご表示いただき、〇〇〇〇年〇月〇日（〇曜日）午後〇時までに到着するようご返送ください。議決権行使書面において各議案に対する賛否が表示されていない場合には、賛成の意思表示をされたものとしてお取扱いいたします。（※3）

(3)　複数回議決権を行使された場合の取扱い

インターネットと書面（郵送）により重複して議決権を行使された場合、インターネットにより行使されたものを有効な議決権行使としてお取扱いいたします。また、インターネットにより複数回議決権を行使された場合、最後に行使されたものを有効な議決権行使としてお取扱いいたします。

以上

◎　（略）

◎　当社は、法令および当社定款第〇条の規定に基づき、電子提供措置事項のうち、次に掲げる事項につきましては、書面交付請求をされた株主様に交付する書面には記載しておりません。したがいまして、交付書面に記載の内容は、監査報告を作成するに際して、会計監査人および監査役が監査をした書類の一部であります。（※4）

　　　①連結計算書類の「連結注記表」

　　　②計算書類の「個別注記表」

◎　電子提供措置事項に修正をすべき事情が生じた場合は、インターネット上の当社ウェブサイトおよび東京証券取引所ウェブサイトにおいて、その旨、修正前の事項および修正後の事項を掲載させていただきます。（※5）

（注）議決権の行使期限として特定の時を定めるときは、その特定の時が法定記載事項となります。特定の時を定めないときは、株主総会の日時の直前の営業時間の終了時が議決権の行使期限となりますが、通常、株主は会社の営業時間を認識していないと思われますので、任意に行使期限を記載することが通例です。

図表5-6　自社ウェブサイトのトップページから電子提供措置事項を掲載しているページへのアクセス方法を記載する場合の記載例

ウェブサイトのURLを記載するだけでは株主が電子提供措置をとっているページに到達することが容易ではないと思われる場合には、株主が当該ページに到達するために必要な情報として記載する必要があります。

本株主総会は電子提供措置をとっており、会社法第325条の3の規定により、電子提供措置事項をインターネット上の当社ウェブサイトに掲載しておりますので、以下のURLにアクセスのうえ、メニューより「株主・投資家の皆さまへ」、「株主総会」をご選択いただき、ご確認くださいますようお願い申しあげます。

当社ウェブサイト　https://www.●●●.co.jp/　　QRコード

用語解説｜電子提供措置開始日と電子提供措置の開始日

「電子提供措置開始日」とは、株主総会の日の3週間前の日または株主総会の招集通知（アクセス通知）を発した日のいずれか早い日をいいます。電子提供措置をとる旨の定款の定めがある会社では、電子提供措置開始日から株主総会の日後3か月を経過する日までの間（「電子提供措置期間」といいます。）、電子提供措置をとらなければなりません（会325の3Ⅰ）。

「電子提供措置の開始日」とは、実務上の呼称で、実際に株主総会資料をインターネット上のウェブサイトに掲載した日をいいます。電子提供措置開始日と区別するため「の」を挿入しています。

なお、電子提供措置期間中に電子提供措置の中断が生じた場合であっても、会社が善意でかつ重大な過失

がないことなど一定の要件に該当するときは、電子提供措置の効力に影響を及ぼしません（会325の６）。当該要件の該当性の判断に当たって、中断期間の計算の始期は「電子提供措置の開始日」ではなく、会社法の条文のとおり「電子提供措置開始日」となります（神田ほか・座談会11頁）。

5　電子提供措置事項記載書面（交付書面）

(1)　電子提供措置事項記載書面（交付書面）の交付

　電子提供措置をとる旨の定款の定めがある会社の株主は、会社に対し、電子提供措置事項を記載した書面（交付書面）の交付を請求することができます（会325の５Ⅰ）。会社は、議決権行使の基準日までに書面交付請求をした株主に対して、交付書面を株主総会の招集通知（アクセス通知）とともに交付しなければなりません（会325の５Ⅱ）。招集通知（アクセス通知）は、株主総会の日の２週間前までに発しなければなりませんので（会325の４Ⅰ）、交付書面も株主総会の日の２週間前までに交付することになります。

(2)　電子提供措置事項記載書面（交付書面）への一部記載省略

　前記のとおり、会社は書面交付請求した株主に対して交付書面を交付しなければなりませんが、会社は、電子提供措置事項のうち法務省令（施規95の４Ⅰ）で定めるものの全部または一部について、交付書面に記載することを要しない旨を定款で定めることができます（会325の５Ⅲ）（定款の記載例については、第２章**図表2-4**〔p.31〕参照）。定款に交付書面に記載することを要しないの旨の定めがある場合に、会社は、交付書面への記載を省略することができない事項を除き、交付書面に記載する事項の範囲を限定することができます（**図表5-7**〔p.79〕参照）。

　電子提供制度の施行前においては、定款の定めに基づき、株主総会参考書類、事業報告、計算書類および連結計算書類に表示すべき事項に係る情報を、株主総会の招集通知を発出する時から株主総会の日から３か月が経過す

る日までの間、継続してインターネット上のウェブサイトに掲載することによって、株主に対して提供したものとみなす制度（いわゆるウェブ開示によるみなし提供制度）がありました（施規94Ⅰ・133Ⅲ、計規133Ⅳ・134Ⅴ）。ウェブ開示には、招集通知の記載分量（頁数）を減らすことによって印刷や郵送に要するコストを削減することができるほか、招集通知の印刷スケジュールを前倒しすることによって招集通知の早期発送が可能になる、情報開示の充実を図ることができるなどのメリットがありました。電子提供制度のもとでの交付書面への記載省略は、ウェブ開示を引き継いだものです。

　2023年6月総会における交付書面への記載省略の状況は**図表5-8**のとおりです。上位には「個別注記表」、「連結注記表」、「株主資本等変動計算書」、「連結株主資本等変動計算書」、「業務の適正を確保するための体制の運用状況」および「業務の適正を確保するための体制」などが並んでいて、従来ウェブ開示の対象としていた事項について交付書面への記載を省略している会社が多いことが窺われます。

　なお、事業報告に記載または記録された事項について、監査役、監査等委員会または監査委員会が、交付書面に記載された事項が監査報告を作成するに際して監査をした事項の一部である旨を株主に対して通知すべきことを取締役に請求したときは、その旨を株主に通知しなければなりません（施規95の4Ⅱ①）。同様に、連結計算書類や計算書類に記載または記録された事項について、監査役、会計監査人、監査等委員会または監査委員会が、交付書面に記載された事項が監査報告または会計監査報告を作成するに際して監査をした事項の一部である旨を株主に対して通知すべきことを取締役に請求したときは、その旨を株主に通知しなければなりません（施規95の4Ⅱ①・②）。

　監査役等の請求権は、監査報告は電子提供措置事項記載書面によっては株主に提供されていない部分を含んだ事業報告全体について行われているため、同様に、監査報告または会計監査報告は電子提供措置事項記載書面によっては株主に提供されていない部分を含んだ計算書類または連結計算書類全体について行われているため、その旨を明らかにして、電子提供措置事項記載書面の交付を受ける株主の誤解を避けることが必要な場合があるため設けられています（弥永・施規コンメ514〜515頁）。監査役等の請求に基づく株主

に対する通知は、招集通知（アクセス通知）に記載することが考えられます（**図表5-5**（※4）参照）。

　また、**図表5-7**に記載のとおり、監査役等が異議を述べている事項については交付書面への記載を省略することができません。会社が置かれている環境などに照らして、株主が議決権を適切に行使し、または、取締役等に対して適切なコントロールを及ぼすことを可能にするために、株主に対して電子提供措置事項記載書面により提供することが必要な株主総会参考書類または事業報告に記載または記録すべき事項がありうると考えられるからです（弥永・施規コンメ512頁）。

図表5-7　電子提供措置事項記載書面（交付書面）への記載を省略することができる事項とできない事項（施規95の4 I）

電子提供措置事項	交付書面への記載を省略することができる事項	交付書面への記載を省略することができない事項
株主総会参考書類	①提案の理由（施規73 I ②） ②会社法施行規則74条〜93条に掲げる事項 ③議案につき監査役または監査等委員が調査の結果を株主総会に報告すべきときは、その報告の内容の概要（施規73 I ③） ④株主の議決権の行使について参考となると認める事項（施規73 II）	①議案（施規95の4 I ①イ） ②株主総会参考書類に記載すべき事項について、交付書面に記載しないことについて監査役、監査等委員会または監査委員会が異議を述べている場合における当該事項（施規95の4 I ①ロ）
事業報告等	①会社の現況に関する事項のうち、次に掲げる事項 ・主要な事業内容（施規120 I ①） ・主要な営業所および工場ならびに使用人の状況（施規120 I ②） ・主要な借入先および借入額（施規120 I ③） ・事業の経過およびその成果（施規120 I ④） ・直前3事業年度の財産および損益の状況（施規120 I ⑥） ・対処すべき課題（施規120 I ⑧） ・その他会社の現況に関する重要な事項（施規120 I ⑨）	①会社の現況に関する事項のうち、次に掲げる事項についての状況（重要なものに限る。）（施規120 I ⑤） ・資金調達（施規120 I ⑤イ） ・設備投資（施規120 I ⑤ロ） ・事業の譲渡、吸収分割または新設分割（施規120①・⑤ハ） ・他の会社の事業の譲受け（施規120 I ⑤ニ） ・吸収合併または吸収分割による他の法人等の事業に関する権利義務の承継（施規120 I ⑤ホ） ・他の会社の株式その他の持分または新株予約権等の取得または

	②会社の株式に関する事項（施規122） ③会社の新株予約権等に関する事項（施規123） ④会社役員に関する事項のうち、次に掲げる事項 ・責任限定契約の内容の概要（施規121③） ・補償契約に関する事項（施規121③の２〜③の４） ・辞任した会社役員または解任された会社役員に関する事項（施規121⑦） ・会社役員の重要な兼職の状況（施規121⑧） ・監査役、監査等委員または監査委員の財務および会計に関する相当程度の知見（施規121⑨） ・常勤の監査等委員または監査委員の選定の有無およびその理由（施規121⑩） ・その他会社役員に関する重要な事項（施規121Ⅰ①） ⑤社外役員に関する事項（施規124） ⑥会計監査人に関する事項（施規126） ⑦業務の適正を確保するための体制の内容の概要およびその運用状況の概要（施規118②） ⑧会社の支配に関する基本方針（施規118③） ⑨特定完全子会社に関する事項（施規118④） ⑩親会社等との間の取引に関する事項（施規118⑤） ⑪会社の状況に関する重要な事項（施規118①） ⑫事業報告に係る監査報告	処分（施規120Ⅰ⑤へ） ・重要な親会社および子会社（施規120Ⅰ⑦） ②会社役員に関する事項のうち、次に掲げる事項 ・会社役員の氏名（施規121①） ・会社役員の地位および担当（施規121②） ・会社役員の報酬等に関する事項（施規121④〜⑥の３） ③事業報告に記載され、または記録された事項について、交付書面に記載しないことについて監査役、監査等委員会または監査委員会が異議を述べている場合における当該事項（施規95の４Ⅰ②ロ）
連結計算書類等	連結貸借対照表 連結損益計算書 連結株主資本等変動計算書 連結注記表 連結計算書類に係る会計監査報告および監査報告	

計算書類等	貸借対照表 損益計算書 株主資本等変動計算書 個別注記表 計算書類に係る会計監査報告および監査報告	

図表5-8　交付書面への記載省略の状況（2023年6月総会）

	交付書面への記載省略事項	割合
①	個別注記表	97%
②	連結注記表	96%
③	株主資本等変動計算書	78%
④	連結株主資本等変動計算書	76%
⑤	業務の適正を確保するための体制の運用状況	63%
⑥	業務の適正を確保するための体制	62%
⑦	会社の新株予約権等に関する事項	34%
⑧	会計監査人に関する事項	26%
⑨	会社の支配に関する基本方針	21%
⑩	主要な営業所および工場ならびに使用人の状況	19%
⑪	主要な借入先および借入額	15%
⑫	主要な事業内容	12%
⑬	会社の株式に関する事項	11%
⑭	貸借対照表	10%
⑮	役員の氏名等の一覧表の注記（責任限定契約、D&O保険契約、辞任等）	9 %
⑯	直前三事業年度の財産および損益の状況	8 %
⑰	損益計算書	8 %
⑱	計算書類に係る会計監査報告	8 %
⑲	社外役員に関する事項	7 %
⑳	剰余金の配当等の決定に関する方針	7 %
㉑	連結計算書類に係る会計監査報告	7 %
㉒	連結計算書類に係る監査報告	6 %
㉓	計算書類に係る監査報告	6 %
㉔	その他会社の現況に関する重要な事項	5 %

㉕	連結貸借対照表	3 %
㉖	連結損益計算書	3 %
㉗	事業の経過およびその成果	1 %
㉘	対処すべき課題	1 %
㉙	議案の提案の理由	0 %

n=178

（出所）日経500構成銘柄のうち2023年 3 月期決算の三井住友トラストグループ証券代行受託会社における調査。

(3)　電子提供措置事項記載書面（交付書面）への記載を省略する場合の手続

　株主総会参考書類に記載すべき事項のうち、交付書面への記載を省略する事項は、株主総会の招集の決定事項とされていますので、取締役会で当該事項を決議する必要があります（会298 I ⑤・Ⅳ、施規63③ト）（第 4 章**図表4-1**〔p.51〕参照）。

　事業報告、計算書類および連結計算書類に記載すべき事項について交付書面への記載を省略する場合は、取締役会で決議することは求められていませんが、株主への情報提供に関する事項であることを踏まえて、任意に取締役会で決議することが考えられます（第 4 章**図表4-1**〔p.51〕参照）。

6 株主に任意に送付する書類

(1)　任意の書類の送付

　株主総会を招集するに当たって、株主総会参考書類等の内容である情報について電子提供措置をとることと併せて、株主に対し、任意に株主総会参考書類等を書面により提供することは可能とされています（一問一答17頁）。招集通知（アクセス通知）のみを送付することによる個人株主の議決権行使率の低下を懸念する場合に、任意に株主総会参考書類や議案の概要を添付して送付すること（いわゆるサマリー）や、書面交付請求を行った株主以外の株主に対しても、交付書面を一律に送付すること（いわゆるフルセット）は妨げられていません。

　任意に追加の情報を提供するか否か、提供する場合にはどのような情報を

提供するのかについては、会社が株主に書面で伝えたい情報は何か、追加の
情報提供に要する事務負担、印刷費用や郵送費用などのコスト、議決権行使
率の維持・向上、デジタル化の促進や紙資源の節約という社会要請上の目的
等を総合的に勘案して、各会社で判断することになります。

　なお、株主提案権が行使されている状況においても、招集通知の決議事項
や議決権行使書面の記載から株主提案の有無が明らかであれば、会社提案に
係る情報の要約等のみを株主に書面で提供したとしても、株主は株主提案の
内容その他必要な情報についてインターネットを通じて取得することができ
ますので、問題はないと考えられています（邉・実務対応50頁）。

(2)　株主に送付する書類のパターン

　株主総会の招集の通知に際して、株主に送付する書類の区分には、いわゆ
るアクセス通知、サマリーおよびフルセットの３つのパターンがあります
（**図表5-9**参照）。会社法上は、アクセス通知のみを株主に送付すれば足りるの
ですが、前記(1)で述べたように、これに任意の情報を追加して株主に送付す
ることは妨げられていませんので、サマリーやフルセットを選択することも
できます。

図表5-9　招集通知の送付区分

名称（呼称）	説明
アクセス通知	書面交付請求を行っていない株主に対して、招集通知（アクセス通知）のみを送付
サマリー	書面交付請求を行っていない株主に対して、招集通知（アクセス通知）に任意の情報（株主総会参考書類や議案の概要、業績ハイライトなど）を追加して送付
フルセット（フルセットデリバリー）	書面交付請求を行ったか否かにかかわらず、招集通知（アクセス通知）に交付書面（交付書面への記載を省略する事項を除く）を統合して、議決権を有するすべての株主に対して送付

　なお、議決権行使書面に記載すべき事項についても電子提供措置事項に含

まれていますが（会325の3Ⅰ②）、株主総会の招集の通知に際して株主に議決権行使書面を交付するときは、議決権行使書面に記載すべき事項については、電子提供措置をとる必要はありません（議決権行使書面の交付）（会325の4Ⅱ）。議決権行使書面に記載すべき事項について電子提供措置をとろうとすると、株主ごとに議決権行使書面に記載すべき内容が異なりますので、株主本人確認のための認証システムの開発が必要となります。また、株主がパソコンでウェブサイトにアクセスして議決権行使書面を印刷する手間が生じますので、議決権行使率の低下が懸念されます。これらの事情により、実務上は専ら議決権行使書面を送付することが想定されていて、アクセス通知、サマリー、フルセットのいずれかを選択した上で、これに議決権行使書面と個人情報保護シールなどを同封して株主に送付することになります。

(3)　2023年6月総会の状況

　2023年6月総会では、電子提供制度の適用初年度ということもあり、株主への制度の周知が十分に図られていないのではないか、アクセス通知のみを送付すると議案の情報が記載されていないため個人株主の議決権行使率が低下するのではないかが懸念されました。また、版（ファイル）を複数作成することに要する手間やコスト増を避けたいという実務上の要請もありました。これらの事情により、結果としてフルセット採用会社が過半数を占めることとなりました（**図表5-10**参照）。

　ただし、株主数別に送付区分を調査したところ、株主数の多い会社ほど印刷や郵送に要するコストの削減メリットを享受することができることから、サマリーの採用割合が高まっています（**図表5-12**参照）。サマリー採用会社において、任意に書面により株主に提供した事項は**図表5-13**のとおりです。すべての会社で決議事項である議案の情報を記載しているのは、個人株主による議決権行使率の低下を回避するためと思われます。議案に次いで多いのは事業報告の事業の経過およびその成果や対処すべき課題で、サマリー採用会社の3割弱で記載しています。株主総会で議長から、またはナレーションによって報告することや株主の関心事項であることを踏まえて記載したものと思われます。

その他、アクセス通知やサマリーを採用した会社では、ウェブサイトに掲載する情報の充実を図る事例が見られました。たとえば、決議事項や事業報告の説明を総会前に動画で配信し、視聴する方法をアクセス通知に記載している事例、日本語および英語によるトップメッセージを動画で配信し、動画が掲載されているサイトのURL・QRコードをアクセス通知に記載している事例が見られました。また、株主に送付する書類についても工夫が見られ、Ａ３用紙１枚に株主総会の日時・場所、目的事項および決議事項の概要等を記載して、二つ折り後さらに三つ折りにして封入・発送している事例などが見られました。電子提供制度が施行されたことに伴い、株主に送付する書類や提供する情報についての自由度が高まり、会社が創意工夫する余地が広がったといえるでしょう。

さらに、2023年は電子提供制度の適用初年度であり、株主の混乱を避けるため過渡期的な対応としてフルセットを選択したものの、次回の株主総会からは簡易な招集通知を送付する予定であることを案内している事例も見られました（**図表5-11**参照）。2024年以降は、フルセットを採用する会社が減少するとともに、サマリーやアクセス通知を採用する会社が徐々に増加することが予想されます（資料版商事2023年６月概況117頁によると、来年の招集通知の送付形態について、アクセス通知のみ送付予定は9.3％、サマリー版を送付予定は42.7％、フルセットデリバリーで送付予定は48.0％となっており、フルセットデリバリーの割合が減少することが予想されます）。

図表5-10　招集通知の送付区分（2023年６月総会）

（出所）三井住友信託銀行証券代行受託会社における調査。なお、資料版商事2023年６月概況117頁によると、本年の招集通知の発送形態として、アクセス通知のみは4.7％、サマリー版は26.0％、フルセットデリバリーは69.2％となっています。

図表5-11 **招集通知に次回の株主総会からは簡易な情報をお届けする予定である旨を記載している事例**

　株主総会資料の電子提供制度が導入されましたが、株主様の混乱を避けるため、本株主総会については書面交付請求の有無にかかわらず株主総会資料を書面でお届けしております。

　次回の株主総会からは株主総会資料を当社ウェブサイト等に掲載し、株主様のお手元には当該ウェブサイト等へのアクセスに必要な事項を含む簡易な情報をお届けする予定です。次回の株主総会以降も書面による資料の提供を希望される株主様は、次回の株主総会の基準日までに書面交付請求のお手続きをお願いいたします。

一口メモ｜電子提供制度適用初年度における各社の悩み───────●

　2023年3月総会から電子提供制度が本格的に適用されるに当たって、招集通知の送付区分として、アクセス通知、サマリー、フルセットのいずれを選択するかが上場会社各社共通の検討課題でした。アクセス通知のみを送付すれば会社法上の要請は満たすことになりますが、報告事項や決議事項の内容が記載されていないアクセス通知のみを送付すると、制度が変更になったことを認識していない個人株主から、書面で提供される情報の量が昨年と比較して極端に少なくなったことについて多数の問い合わせを受けるのではないか、また、議案の内容が記載されていないことにより個人株主の議決権行使率が低下するのではないかが懸念されました。一方で、フルセットを選択すると、株主に書面で提供する情報の量は従来と変わらないものの、電子提供制度の趣旨に沿っていないことに対する躊躇がありました。サマリーでは、電子提供制度の趣旨を踏まえつつ株主に伝えたい情報を書面で提供することができますが、版（ファイル）を複数作成することによりコスト増となりうることがネックとなりました。

　結果として、電子提供制度適用初年度においては、フルセットを採用した会社が全体の過半数を占めることとなり、個人株主の混乱を避けるため安全策をとられた会社が多かったものと推察されます。また、時価総額が大きく株主数の多い会社が、初年度はフルセットを採用する旨を早々に公表したことの影響も少なからずあったように思われます。

　なお、アクセス通知のみを送付すると、個人株主の議決権行使率が低下するのではないかが懸念されていましたが、2023年6月総会会社を対象とした三井住友信託銀行証券代行受託会社における調査によると、株主数ベースでは前

年との比較において影響は見られないどころか、いずれの発送パターンについても、電子行使、とりわけスマートフォンによる議決権行使の普及に伴って株主数ベースでの事前行使率が上昇しています（三井住友信託銀行が議決権の集計事務を受託している2023年3月期決算会社について、招集通知の送付区分別に事前行使の状況（株主数ベース）を調査したところ、全体では41.4%（前年41.0%）、内訳ではアクセス通知41.8%（前年41.2%）、サマリー40.9%（前年40.6%）、フルセット42.1%（前年41.5%）となっており、いずれの送付区分でも前年と比較して事前行使率が上昇しています）。

図表5-12　株主数別の送付区分（2023年6月総会）

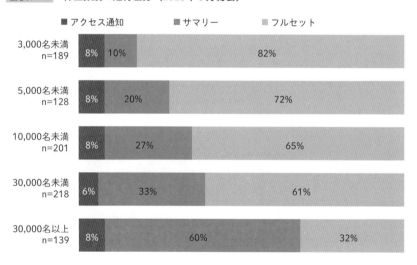

（出所）三井住友信託銀行証券代行受託会社における調査。

図表5-13 **サマリー採用会社の任意記載の状況（上位10項目）（2023年6月総会）**

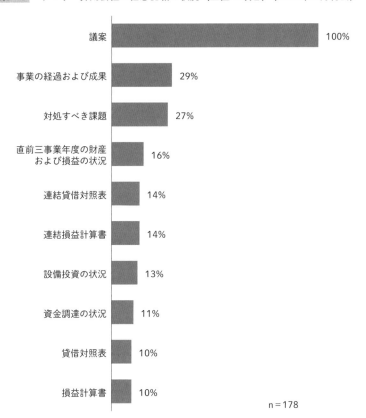

（出所）日経500構成銘柄のうち2023年3月期決算の三井住友トラストグループ証券代行受託会社
における調査。

第6章 電子提供措置の中断とその取扱い

1 電子提供措置の中断

　電子提供措置の中断とは、電子提供措置に関して、株主が提供を受けられない状態となったことまたは対象となる情報が電子提供措置が取られた後に改変されたことをいいます（会325の6柱書かっこ書）。

　会社が、電子提供措置開始日に自社のウェブサイト上に電子提供措置事項にかかる情報を掲載し、電子提供措置を適法に開始したとしても、その後、何らかの原因により、そのウェブサイトのサーバーがダウンしてしまい、株主が閲覧できなくなるなどといった事態が当然考えられます。また、ハッカーやウィルス感染などにより、電子提供措置事項にかかる情報が改ざんされてしまう事態も想定できます。

　会社は、電子提供措置開始日から株主総会の日後3か月を経過する日までの間（「電子提供措置期間」といいます）、会社法325条の3第1項各号の各情報について、継続して電子提供措置をとらなければならないとされています（会325の3Ⅰ）。

　電子提供措置開始日から株主総会の日までの期間中に電子提供措置が無効とされると、株主総会の招集手続の瑕疵があるとして、株主総会の決議取消事由になりえます（会831Ⅰ①）。また、株主総会の日後に電子提供措置が無効とされると、株主総会の決議取消事由には該当しませんが、会社法325条の3第1項違反として過料に処されえます（会976条⑲）（一問一答42頁）。

　しかし、上記のように、何らかの原因により、電子提供措置開始後に株主がその情報を閲覧できなくなったり、会社の意図によらず内容が改変されて

しまったりした場合、その内容や会社の事前の対応等を問わずすべて無効とすることは、会社にとって酷です。

　そこで、会社法では、一定の要件を設けて、それに該当する場合には、たとえ、上記のように事実上継続して電子提供措置がとられていない場合でも、電子提供措置の効力に影響はないとしました。これが、電子提供措置の中断にかかる制度です。

用語解説 │ 「中断」の意義

　電子提供措置の中断とは、法律上、①株主が提供を受けることができる状態に置かれた情報がその状態に置かれないこととなったことまたは②当該情報がその状態に置かれた後改変されたこと（会社法325条の３第１項７号の規定により電子提供措置事項が修正されたことを除く。）と定義されています（会325の６柱書かっこ書）。

　つまり、サーバーがダウンしまっ

たくウェブサイトが閲覧できなくなったといった場合（①）だけでなく、一度ウェブサイト上に電子提供措置事項が掲載された後で、ハッカーにより内容が改変された場合（②）も中断に含みます（なお、複数のウェブサイトに電子提供措置事項を記載していた場合の中断の考え方について、本章❸『一口メモ　複数のウェブサイトと中断』〔p.95〕参照）。

---

2 中断が生じた場合の救済要件（電子提供措置を中断により無効としないための要件）

　電子提供措置の中断が生じた場合、以下の要件のすべてを満たせば、電子提供措置の効力に影響を及ぼしません（会325の６）。

(a)　電子提供措置に中断が生じることを会社が知らず（善意）でかつ重大な過失がないこと、または会社に正当な事由があること（会325の６①）

(b)　電子提供措置が中断した時間の合計が電子提供措置期間の10分の１を超えないこと（会325の６②）

(c)　電子提供措置開始日から株主総会の日までの期間に電子提供措置が中断したときは、その中断時間の合計が、当該期間の10分の1を超えないこと（会325の6③）

(d)　会社が電子提供措置の中断が生じたことを知った後速やかにその旨、電子提供措置の中断が生じた時間及び電子提供措置の中断の内容について当該電子提供措置に付して電子提供措置をとったこと（会325の6④）

　これらの要件は、基本的に電子公告の中断に関する規定（会940条3項）を参考に設けられていますが、上記(c)の3号については対応する規定がありません。電子提供措置期間は、「株主総会の日までの期間」と「株主総会の日後の期間」に区別することができるところ、「株主総会の日までの期間」に関しては、その意味は、招集手続として株主に株主総会に関する情報を得る機会を与える点にあり、その期間に長期間中断していた場合にまで救済することは相当でないと考えられたのです（竹林ほか・解説12頁）。

　(a)の1号にいう、会社が、電子提供措置に中断が生じることについての「重大な過失」とは、いわばわずかな注意を払えば結果を回避できたのにそれをしなかったために結果（電子提供措置の中断）が生じたような場合で、たとえば、最低限必要とされるサーバーメンテナンスを全く怠っていたためにサーバーがダウンして電子提供措置の中断が生じた場合などがこれにあたると考えられています（塚本＝中川・電子提供105頁）。そして、電子提供措置に中断が生じることについての「正当な事由」がある場合とは、電子公告に関する規定を参考とすると、たとえば定期的なメンテナンスのための一時的なサーバーの停止が該当すると考えられています（会940Ⅲ①、塚本＝中川・電子提供105頁）。

　(d)の4号は、電子提供措置の中断が生じてしまった場合には、株式会社が、これを知った後速やかに「その旨」、「中断が生じた時間」、「中断の内容」について当該電子提供措置に付して電子提供措置をとることを求めています。具体的には、中断が生じた場合には、速やかに、次の**図表6-1**のような内容を電子提供措置事項を掲載したウェブサイトに掲載することが考えられます。

図表6-1　中断が生じた際のお知らせ例

○○○○年○月○日

株主各位

東京都○○区○丁目○番○号
○○株式会社

電子提供措置の中断に関するお知らせ

当社は、第○回定時株主総会につきまして電子提供措置をとっており、会社法第325条の3の規定により、電子提供措置事項をインターネット上の当社ウェブサイトに掲載しておりますが、このたび本件電子提供措置の中断が生じておりましたことが判明いたしました。中断によりご迷惑をおかけしましたことをお詫び申し上げます。つきましては、会社法第325条の6第4号の規定に基づき、下記のとおり、中断が生じた時間および中断の内容につきまして、電子提供措置をとりましたので、お知らせ申し上げます。

記

1　中断が生じた時間
　　○○○○年○月○日午前○時○分から○○○○年○月○日午前○時○分まで本件電子提供措置が中断いたしました。
2　中断の内容
　　○○○○の障害により、本件電子提供措置の中断が生じました。

以上

一口メモ｜電子公告調査との違い ────────────────────●

　電子公告は、官報または日刊新聞紙の場合と異なり、事後の改ざんが容易であるなどの問題があることから、電子公告が適法に行われたかどうかについて客観的証拠を残すため、法務大臣の登録を受けた電子公告調査機関の調査を受けなければなりません。電子公告調査機関は、公告期間中、定期的にウェブサイトを調査して正常に掲載されていたかどうかや、改ざんがされていないか等を判定して、その結果を記録し、電子公告調査が終了すれば、速やかに調査の結果を電子公告を行った会社等に対し通知しなければならないこととされてい

ます（会946Ⅳ、一般社団法人及び一般財団法人に関する法律333）。

　電子提供制度では、電子公告と異なり、法務大臣の登録を受けた調査機関の調査は義務付けられていません。調査制度を利用しなくても、各社が独自にウェブサイトのログを保存すれば中断に関する要件を立証できるということに加え、実際上のシステム構築の困難性も理由の一つです。つまり、電子提供制度では、不特定多数に広く公開する電子公告とは違い、株主以外に対して公開しない措置をとることもできます。株主に対する情報提供の方法としては様々なものが想定されることから、これらの方法すべてに対応する調査システムを構築することは実際上難しいと考えられたのです。

　電子提供制度では、このように、各社独自にログを保存等することにより、中断の要件を満たすかどうか立証させるという前提ですが、一部の電子公告調査機関では、既存の電子公告調査のシステムを利用した任意のサービスとして、申込みをした会社に対して、当該会社の電子提供措置の実施結果を確認し、通知するといったサービスを行っています。各社が、各々の責任において、電子提供制度期間中の状況を保全しておくための補助的な方策として、これらのサービスを活用することも可能です。

　なお、三井住友トラストグループ証券代行受託会社における調査をもとにした集計によると、2023年6月総会で中断期間記録のために調査会社を利用した会社は約17%でした。

一口メモ｜早期開示した場合の「電子提供措置開始日」？

　会社法325条の6第3号は、「電子提供措置開始日」から株主総会の日までの期間中、電子提供措置の中断時間の合計が当該期間の10分の1を超えないことを要件としています。ここで、事実上、早期開示した場合の電子提供措置開始日はいつかという疑問が生じえます。

　たとえば、電子提供措置事項を株主総会の開催日の3週間前より早い25日前にウェブサイトに掲載し、招集通知を法定通り2週間前に株主宛て発送した場合、電子提供措置の中断期間はどうなるかという問題です。電子提供措置を早期に行ったことにより、株主はその分長くインターネット上で株主総会資料を閲覧することができるわけですが、中断期間の算定において分母となる期間もその分長くなるのでしょうか。

　この点、「電子提供措置開始日」は、法律上定義されており、「株主総会の開催日の3週間前の日」または「招集通知を発した日」のいずれか早い日をいい（会325の3Ⅰ柱書）、実際に電子提供措置事項につきインターネット上で掲載を開始した日ではありません。上記の例では、招集通知は2週間前に発送されていますので、「株主総会の開催日の3週間前の日」が早い日となり、同日が「電子提供措置開始日」となります。

　したがって、電子提供措置事項を株主総会の開催日の3週間前より早い時期にインターネット上に掲載していたとしても、電子提供措置開始日は、株主総会の開催日の3週間前の日（またはこれよりも早く招集通知を発送した場合はその日）であり、事実上長くインターネット上に掲載されていたとしても、中断期間の算定において分母となる電子提供措置期間は変わりません。

3　救済要件を満たさない場合の効果

　❷で挙げた4つの救済要件を満たす場合、中断は電子提供措置の効力に影響を及ぼしません。

　しかし、これらの救済要件のいずれかを満たさない場合、電子提供措置は無効となります。具体的には、電子提供措置開始日から株主総会の日までの期間中に電子提供措置の中断が生じ、無効となった場合には、株主総会の招集手続に瑕疵があるとして、株主総会の決議取消事由になりえます（会831Ⅰ①）。また、株主総会の日後にのみ中断が生じ、無効となった場合には、すでに株主総会の招集手続は終わっているわけですから、株主総会の決議取消事由（招集手続の瑕疵）には該当しませんが、会社法325条の3第1項違反として過料に処されえます（会976⑲、一問一答42頁）。

　なお、電子提供措置の中断が生じ、株主総会の招集手続に瑕疵があるとして株主総会の決議取消訴訟における決議取消事由に該当する場合でも、個別具体的な事情が斟酌され、裁量棄却（会831Ⅱ）となる場合もあります。

一口メモ｜複数のウェブサイトと中断

　会社法は、電子提供措置をとるウェブサイトの数を限定していないため、複数のウェブサイトにおいて電子提供措置をとることは可能です。そうすれば、電子提供措置の中断のリスクを低減することができるのでしょうか。

　この点、電子提供措置の中断とは、①全く電子提供措置事項の閲覧ができなくなった場合と、②電子提供措置事項の内容に改変が生じている場合の両方を含みます（**1**『用語解説』〔p.90〕）。

　①の場合には、電子提供措置をとっているのが1つのウェブサイトのみであれば、中断に該当します。しかし、閲覧できなくなったサイトが電子提供措置をとっている複数ウェブサイトの一部であれば、中断ではないと整理することも可能と考えられます。なぜなら、株主の側からみても、閲覧できなくなったことが一見して明らかであり、あらかじめ招集通知でURLが案内されている他サイトを閲覧することで情報を確認できるからです。法的には、「株主…が情報の提供を受けることができる状態に置く措置」（電子提供措置・会325の2 1）は適法に継続しているといえます。

　②の場合には、改変の程度や態様によって、たとえば、②−(1)改変が一見して明らかな場合、すなわち「閲覧等した株主において、改変が生じていることおよび当該ウェブサイトに掲載されている電子提供措置事項の内容が正しい情報でないことを合理的に認識することができる場合」と、②−(2)改変が一見して明らかではない場合が考えられます。

　これらの場合、電子提供措置をとっているのが1つのウェブサイトのみであれば、いずれも中断に該当しますが、複数のウェブサイトで電子提供措置をとっている場合には、解釈の余地がありそうです。すなわち、②−(1)改変が一見して明らかな場合には、①と同様、株主が他サイトを閲覧することが期待できますので、中断ではないと整理することも可能と考えられます。もっとも、②−(2)改変が一見して明らかではない場合や、改変されたことは認識できてもいずれが正しい情報かが判別できない場合には、やはり、正しい情報の提供を受けることができるとはいえないために、中断であると考えることになりやすいと思われます。

　なお、本文中に述べたとおり、仮に、電子提供措置の中断が生じ、株主総会の招集手続に瑕疵があるとして株主総会の決議取消訴訟における決議取消事由に該当する場合でも、複数のウェブサイトで株主が正しい情報を閲覧すること

が可能であったという事情が、裁量棄却（会831 II）の判断で斟酌されること
は十分あり得ると考えられます（以上の議論について、渡辺ほかQ&A⑷51頁。電
子提供措置の内容に改変が生じた場合の影響について、藤田ほか・改正会社法セミ
ナー（4回）44頁）。

第**7**章　書面交付請求への対応

1　書面交付請求とは

　書面交付請求とは、株主が、会社に対し、電子提供措置事項を記載した書面（電子提供措置事項記載書面）の交付を請求することができるというものです（会325の5Ⅰ）。

　電子提供制度では、原則として、株主は、株主総会参考書類等について、電子提供措置がとられているインターネット上のウェブサイトにアクセスして当該情報を閲覧することが想定されています。しかし、個々の株主のインターネットリテラシーや置かれているインターネット環境はさまざまであり、一部の株主については、書面（紙媒体）による閲覧を希望する場合もあると思われます。書面交付請求は、このような、いわゆるデジタルデバイドを有する株主の利益を保護するために、株主に書面交付請求権を与えるという制度です。

2　書面交付請求への対応

⑴　請求できる株主

　書面の交付を請求できるのは、当該会社の株主です。書面交付請求制度が、招集通知を書面で受け取るという株主の利益保護のためですので、招集通知の送付対象である株主が請求できるのは当然のことです。

　議決権を有しない単元未満株主（会189Ⅰ）も書面交付請求自体はできます。ただし、基準日時点で単元株主でない場合には、会社は書面交付請求を

した単元未満株主に対して招集通知を発する必要はありません（会299Ⅰ・298Ⅱ本文かっこ書）。なお、会社が定款で単元未満株主の書面交付請求権を制限することはできると解されています（会189Ⅱ、渡辺ほかQ&A(2)84頁）。現行の定款で、単元未満株主が行使できる権利を限定的に挙げ、これら以外の権利行使はできないといった規定の仕方をしている場合には、行使できる権利として書面交付請求権を挙げない限り、単元未満株主は、書面交付請求ができません。

　なお、電子提供制度が規定される以前から、株主の承諾を要件として、電磁的方法により株主総会の招集通知を発することができるという制度がありますが（会299Ⅲ）（第1章**2**(2)〔p.13〕参照）、同制度の承諾をした株主は、そもそもインターネットを利用できることが想定されていますので、書面交付請求できないとされています（会325の5Ⅰかっこ書）。実務では、電磁的方法による招集通知受信の承諾をした株主が、書面交付請求の申し出をした場合には、書面交付請求の申し出を優先し、電磁的方法による招集通知の受信に関する承諾を撤回したものとして取り扱われています。

(2)　請求時期

　株主が、株主総会参考書類等について書面で受け取りたいと考える場合、その株主は、議決権行使基準日までに書面交付請求を行わなければなりません。

　たとえば、3月決算会社で基準日が3月31日の会社である場合、2024年6月の株主総会の招集通知（参考書類等）を書面で受け取りたい株主は、同年3月31日までに書面交付請求を行わなければなりません。なお、この場合、法的に書面交付請求日と扱われるのは、実際に株主自身が申し出た日ではなく、書面による請求の場合は書面が相手方に到達した日（株主名簿管理人に書面が到達した日または証券会社等の口座管理機関における受付日）となります。したがって、株主は、書面交付請求日と扱われるまでに一定の期間が必要となり得ることに留意して、基準日までに余裕をもった書面交付請求をすることが望ましいと思われます（なお、書面交付請求の流れについて、本項(3)参照）。

一口メモ｜基準日後の書面交付請求に対する対応──────────●

本文中の例で、仮に、2024年6月総会の電子提供措置事項記載書面を書面で受け取りたい株主が、基準日である同年3月31日を過ぎた同年4月1日に書面交付請求をした場合はどうなるでしょうか。基準日後の書面交付請求といわれる問題です。

この点、会社は、当該株主総会（2024年6月総会）については、書面交付請求に応じる必要はなく、次回以降の株主総会（基準日が経過していない株主総会）について有効な書面交付請求として扱えば足ります。

もっとも、会社の側から、任意に株主に対して書面を送る対応をすることは許容されると考えられます。この場合、株主ごとに異なる取扱いにならないよう、株主平等原則（会109Ⅰ）に留意することが必要です。基準日後の書面交付請求が来た場合にどのようにするか、事前に対応を取り決めておくことが望まれます。

なお、三井住友トラストグループ証券代行受託会社における調査によると、基準日後に送付要請を受けた場合の会社の対応方針としては、「送付しない」が47％、「送付する」が52％（自社対応31％、外部委託21％）でした。もっとも、実際に基準日後に送付要請を受けた会社は全体の26％でした。

⑶　請求の流れ

すでに株主名簿上に記載ある株主（便宜上「既存株主」といいます）が、書面交付請求をする場合、その請求先は、2通りあります。

まず、株式の発行者である会社に対して書面交付請求できます（**図表7-1【方法1】**、会325の5Ⅰ）。もっとも、上場会社は、株主名簿管理人を置き、株式事務を株主名簿管理人に委託していますので、実際上は、会社の株主名簿管理人である信託銀行等に対してすることになります（会123、上場規程205⑨）。したがって、会社が、株主から書面交付請求したいと連絡を受けた場合には、信託銀行等の株主名簿管理人に対してその旨申し出るよう案内すればよいということになります。

具体的には、書面交付請求をしようとする株主は、まず株主名簿管理人に対し、電話等により、書面交付を求める旨の申出をします。この申し出を受けて、株主名簿管理人は株主名簿を確認した上で、書面交付請求用紙を当該

株主宛てに郵送します。この書面交付請求用紙は、表面に株主名簿管理人の住所等が印刷されたはがき形式となっており、株主は、切手を貼付して株主名簿管理人に返送することになります（**図表7-2**）。その後、当該返送された書面交付請求書が株主名簿管理人に届き、受付がされると、法的に、書面交付請求がなされたという扱いになります。

　言い換えれば、書面交付請求をした日は、株主名簿管理人を通じて請求した場合は、株主名簿管理人の請求受付日（書面による受付の場合は、当該書面が株主名簿管理人に到達した日）となります。

　次に、既存株主は、口座管理機関（証券会社等）を通じて請求（取次請求）することもできます（**図表7-1【方法 2】**、振替159の 2 Ⅱ）。株主は、振替法上にいう加入者でもあるからです。もっとも、証券会社によっては所定の手数料が必要となる場合もあります。

　株式を取得したばかりでこれまで総株主通知の対象となっておらず、株主名簿に記載がない株主（便宜上「新規株主」といいます。）が、書面交付請求をする場合には、既存株主の場合と異なり、その請求先は、口座管理機関（証券会社等）のみとなります（**図表7-1【方法 2】**、振替159の 2 Ⅱ）。直近の総株主通知がされた後に株主となり株主名簿に記載または記録がされていない者は、会社に対して株主たる地位を対抗できないためです。

　書面交付請求をした日は、口座管理機関（証券会社等）に対して取次請求した場合は、証券会社等における受付日となります。その理由は、取次請求を受けた証券会社が間接口座管理機関である場合など、当該取次請求が株主名簿管理人に到達するまでに時間を要することがあり、株主に不利益であるためとされています（全株懇・電子提供46頁）。

　なお、いずれの方法による場合であっても、行使に先立ち、個別株主通知（振替154Ⅲ）をする必要はありません。個別株主通知（振替154Ⅲ）とは、証券保管振替機構（振替機関）が、少数株主権等を行使しようとする加入者（株主）にかかる振替口座簿の事項（氏名・名称、住所、保有振替株式数、記録日等）を、発行会社に対して通知することをいい、株主が、少数株主権等（振替147Ⅳ）に該当する権利を行使しようとする場合、その行使要件を充足しているかを会社が把握する必要があるため、株主の申し出によって行われるという

ものですが、書面交付請求権は、議決権と密接に関連する権利であり、振替
法上の少数株主権等（振替147Ⅳ）に該当しないため、個別株主通知は不要で
す（一問一答33頁）。

図表7-1　一般的な書面交付請求の流れ（前述❷(2)(3)参照）

①既存株主の場合（株主名簿管理人あて、口座管理機関あて）

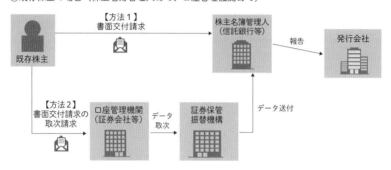

②新規株主の場合（口座管理機関あて）

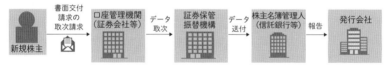

図表7-2　書面交付請求書の例

(裏面)

(表面)

(出所) 三井住友信託銀行が使用する書面交付請求書

一口メモ | **株主名簿に記載のない株主が会社に直接書面交付請求した場合** ──●

　　直近の総株主通知がされた後に株主となり株主名簿に記載または記録がされ
ていない者については、自らの口座を開設している証券会社等を通じて書面交
付請求をすることが想定されています。しかし、このような株主名簿に記載の
ない株主が、会社に直接書面交付請求をした場合、会社はどのように対応すれ
ばよいでしょうか。

　　この点、株主名簿の記載または記録は、会社に対する対抗要件となりますの
で、株主は、株主名簿の記載または記録がなくしては、自らが書面交付請求権
を有する株主であることを会社に対して主張できません。書面交付請求権が振
替法上の少数株主権等（振替147Ⅳ）に該当しない結果として振替法154条1項
の適用がなくなり、原則どおり、株式譲渡は、株主名簿への記載または記録が
なければ会社や第三者に対抗できない（会130Ⅰ）こととなります。つまり、
その者が株式譲渡を受け、当該会社の株主となっていたとしても、株主名簿の
記載または記録がない限り、会社の判断で任意に請求を受け付ける場合は別と
して、会社が株主の地位を認める義務はありません（渡辺ほかQ&A(2)84頁）。し
たがって、会社は、このような株主に対して、法定の対抗要件を具備していな
いとして、書面交付請求を拒否することができます。

一口メモ | **情報提供の一環としての事実上の提供** ────────────●

　　電子提供措置事項記載書面に記載することを要しない事項の範囲について、
商事法務研究会で検討結果が取りまとめられました（電子化研究会検討結果）。
この結果報告を受けて、法務省令に定める電子提供措置事項記載書面に記載を
要しない事項の整理を見直す省令改正が行われました（令和4年法務省令43
号）（第1章❷(7)〔p.23〕参照）。

　　本結果報告の中では、株主に対する情報提供の一環として、各社の合理的な
裁量の範囲内で、インターネットを利用することが困難な株主への配慮やサ
ポートの工夫が期待されるとされています。そして、その例として、会社や、
印刷会社等において、希望する株主に対して株主総会参考書類等を印刷して事
実上提供することなどが挙げられています。

⑷　請求方法

　具体的な書面交付請求の方法については、会社法上定められていません。

　したがって、定款またはその委任に基づき株式取扱規程等の定めがない限り、書面はもちろん、口頭でも可能です。もっとも、会社法上も権利行使方法に関する合理的制約として書面による方法に限定することは許容されると解されており（論点解説127頁）、会社に対する書面交付請求の確実な受付手続を履行するという観点から、多くの会社において、その株式取扱規程等の中で書面交付請求を書面に限定する旨定めています（**図表7-3**参照）。このような、書面に限定する定めを置いた場合には、口頭による書面交付請求は効力を有さないことになります。異議申述の方式についても同様です（渡辺ほかQ&A⑵83頁）。

図表7-3　**書面交付請求および異議申述に関する株式取扱規程例**

> 　　　　　　　　第4章　　株主権行使の手続き
> （書面交付請求および異議申述）
> 第11条　会社法第325条の5第1項に規定された株主総会参考書類等の電子
> 　　提供措置事項を記載した書面の交付の請求（以下「書面交付請求」とい
> 　　う。）および同条第5項に規定された異議の申述をするときは、書面により
> 　　行うものとする。ただし、書面交付請求を証券会社等および機構を通じて
> 　　する場合は、証券会社等および機構が定めるところによるものとする。

（出所）全株懇・モデル改正

⑸　株主に対する制度の周知

　電子提供制度の施行に伴い、従来通り書面による株主総会資料の閲覧を希望する株主は、書面交付請求をする必要がありますが、必ずしも一般の株主は同制度の内容や影響について十分に知っているとは限りません。会社は、法的に周知義務を負うわけではありませんが、書面の交付を希望する株主に対して、十分に情報提供を行うという意味から案内することは合理的と考えられます。方法としては、株主総会招集通知、株主通信等株主への送付書類に記載することなどが考えられます。

　特に、電子提供制度施行後、いわゆるフルセット（フルセットデリバリー）

で招集通知を作成していた会社が、アクセス通知のみまたはサマリーを送付する方針に変更する場合には、次回以降の対応方針と共に書面交付請求について明記しておくことが望ましいと考えられます。

図表7-4　株主総会資料の提供に関する対応方針について明記した例

株主総会資料の提供に関する対応方針

　当社●期定時株主総会につきましては、本制度の適用後最初の株主総会であることを踏まえ、経過的な措置として、株主様からの「書面交付請求」の有無に関わらず、株主様に対して、従来と同様、議決権行使書用紙とともに株主総会資料を書面にてお届けしました。

　なお、本制度の導入趣旨を踏まえ、次回の株主総会から、株主総会資料につきましては、ウェブサイト上でご提供とし、簡易なお知らせのみを記載した書面をお届けする予定です。

　次回以後の株主総会についても従来どおりの書面による株主総会資料の提供を希望される株主様は、次回の議決権基準日（定時株主総会については●月●日）までにお早めに当社株主名簿管理人又はお取引の証券会社で「書面交付請求」のお手続きを行なっていただきますようお願い申し上げます。

3　異議申述手続

(1)　概　要

　異議申述手続とは、会社側が、過去に書面交付請求をした株主に対して、電子提供措置事項記載書面の交付を終了する旨を通知し、異議がある場合には述べるよう催告するという制度です（会325の5Ⅳ）。

　書面交付請求はいつでもすることができ、一度された書面交付請求は、それが適法である限り、その後のすべての株主総会において有効と扱われます。しかし、過去に書面交付請求をした株主であっても、その後の状況によっては、インターネット上で株主総会書類を容易に閲覧できるようになるなど、書面が不要となることもありえます。このように、不要となった書面交付請求が累積していくことは、電子提供制度創設の趣旨に反することになります。そこで、法は、株主本人の撤回によらずとも、会社の側から、書面

交付請求が効力を失う制度として、異議申述手続を規定しました。

　具体的には、会社は、書面交付請求の日から 1 年を経過したときには、当該株主に対して、電子提供措置事項記載書面の交付を終了する旨を通知し、かつ、これに異議のある場合には、1 か月を下らない一定の期間（催告期間）内に異議を述べるべき旨を催告することができます（会325の 5 Ⅳ）。そして、その催告期間内に異議が述べられない場合には、催告期間の経過時に書面交付請求は効力を失うこととされています（会325の 5 Ⅴ）。

(2)　通知・催告の時期

　株主の書面交付請求または前回株主から異議が述べられたときから 1 年を経過している限り、書面交付終了の通知および異議申述の催告（以下「通知・催告」といいます）を実際に行う時期について法律上の制限はありません。したがって、会社は、通知・催告を毎年することもできますし、何年かに一度することもできます。

　2023年 6 月の株主総会の結果によると、総株主議決権株主数に対する書面交付請求件数の割合は、平均約0.44％でした（**図表7-5**参照）。このように、現時点で必ずしも書面交付請求の割合は大きくないことや、時代が進むにつれてデジタルデバイドをめぐる状況も変化し今後急激に割合が増加することは考えにくいことなどからすると、数年に一度または一定程度書面交付請求が累積した段階で通知・催告するといった対応も、十分合理性があるように思われます。

図表7-5 書面交付請求件数の状況

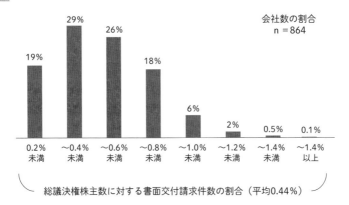

(出所) 3月期決算の三井住友信託銀行証券代行受託会社における書面交付請求データをもとに作成。

(3) 通知・催告の方法

通知・催告をどのような方法で行うかについては、会社法上特段の定めはなく、各社の裁量に委ねられています。もっとも、明確性および記録化の観点から、書面で行うことが適切であると考えられています（渡辺ほかQ&A(3)43頁）。

実務的には、個別に当該株主に対し、住所氏名等をあらかじめ印字した異議申述書（兼書面交付請求書）を郵送し、一定期間内に返信があれば書面交付を継続するといった方法が考えられます。

図表7-6　通知・催告書面の記載例

年　月　日

株主総会資料について書面交付請求をされた株主の皆様へ

（本店所在地）

（社名）

（代表者名）

株主総会資料の書面交付の終了について

拝啓　平素は格別のご高配を賜り厚く御礼申しあげます。

　さて、当社は、会社法第 325 条の 5 に基づく書面交付請求または同条第 5 項但書に基づく異議申述を行った日から○年／月が経過している株主の皆様について、同条第 4 項に基づき書面交付を終了することといたしますので、ご通知申しあげます。

　つきましては、書面交付の終了に異議のある株主様は、○年○月○日（以下「本期限」といいます。）までに当社の株主名簿管理人である三井住友信託銀行に到達するよう、別添の「株主総会資料の書面交付の終了に対する異議申述書（兼 書面交付請求書）」（以下「異議申述書」といいます。）をご返送ください。

　本期限までに異議申述書のご返送を完了頂いた株主様については、引き続き、株主総会資料の書面交付を継続いたしますが、本期限までに異議申述書のご返送を完了頂かなかった株主様については、株主総会資料の書面交付を終了いたしますので、何卒ご了承くださいますようお願いいたします。なお、異議申述書のご返送は、当社の株主名簿管理人への到達をもって完了となりますのでご留意ください（ただし、本期限経過後に異議申述書が到達した場合は、当該異議申述書が当社の株主名簿管理人へ到達した日をもって、新たな書面交付請求がなされたものとして取扱わせて頂きます。）。

敬　具

記

手続が必要な株主様　・・・・　書面交付の継続をご希望される株主様のみ

手続に必要な書類　・・・・　「株主総会資料の書面交付の終了に対する異議申述書（兼 書面交付請求書）」（同封）

ご返送期限　・・・・　○年○月○日（曜日）

以上

≪お問い合わせ先≫　　三井住友信託銀行 証券代行部

0120-○○○-○○○

受付時間：9:00〜17:00（土日休日を除く）

（出所）三井住友信託銀行が使用する書面交付請求の終了通知・催告書面

図表7-7　異議申述書（兼書面交付請求書）の記載例

（表面）

（裏面）

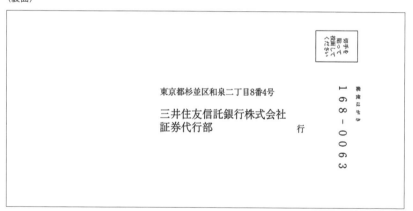

（出所）三井住友信託銀行が使用する異議申述書（兼書面交付請求書）

第 **8** 章 | 株主総会の運営

1 株主総会進行上の構成

　株主総会は、会社法に若干の規定があるほかは、定款等の内部規則および慣行に従って行われるものとされています（江頭・会社法366頁）。その進行上の主な項目を進行順にまとめると、**図表8-1**のようになります。

図表8-1 株主総会進行上の主な項目（一括審議方式の例）

項　目	概　要
①議長就任	株主総会の議長は、定款の定めに基づき社長等が就任します。議長は議事整理権や秩序維持権を有します（会315）。
②開会宣言	議長が開会を宣言した時点から株主総会が開始されます。
③定足数の報告	役員の選任議案や定款変更議案等は、定款の定めにより議決権総数の3分の1以上の議決権が行使されている必要がありますので（会341・309Ⅱ）、これを満たしている旨を報告します。
④監査報告	監査役（または監査等委員会・監査委員会）の監査報告の内容を報告することは義務付けられていませんが、任意に監査役等から報告することが一般的です。議案等に法令違反等があれば監査役・監査等委員会に報告義務がありますが（会384・399の5）、かかる事態は通常ありません。なお、連結計算書類の監査役等および会計監査人の監査結果は取締役が報告することになっていますが（会444Ⅶ）、監査役等から併せて報告することが行われています。
⑤報告事項の報告	事業報告・計算書類・連結計算書類は定時株主総会に提出し、または提供しなければなりませんので（会438Ⅰ・444Ⅶ）、このことを前提に、総会にあらためて提出し報告等を行うことになります（会社法コンメ(10)377頁）。

⑥議案の上程	剰余金の配当や取締役の選任等、株主総会に付議する議案（決議事項）の内容を説明します。
⑦質疑応答・審議	報告事項について質疑応答を行うとともに、決議事項の審議を行います。
⑧議案の採決	決議事項の賛否を問い、議案の可決・否決を決定します。
⑨閉会宣言	会議の目的事項（報告事項・決議事項）の報告・採決の終了を受けて、議長が閉会を宣言します。
⑩役員の紹介	株主総会終了後に、選任された役員（新任に限る場合も多くみられます）を株主に紹介します。

　上記①議長就任によって、社長等が議長の地位に就き、議長権限（会315）を有しますので、議事の順序や、発言を許可する時期の指定、発言希望者や回答する役員の指名等は当該権限に基づき議長が行います。

　②開会宣言は、あらかじめ株主に送付した招集通知に記載された日時（会298Ⅰ①・299Ⅳ）に行う必要がありますので、これより早期の開会は株主の出席に支障を来し、株主総会の決議取消事由となります（会831Ⅰ）。他方で、合理的な理由（交通機関の事故等によって、出席株主がきわめて少ない場合等）、たとえば、30分あるいは1時間程度の常識的な時間であれば開会を遅らせることは可能ですが、開会が2時間以上遅延する場合は、出席株主による延期の決議（会317）が必要とされています（新総会ガイドライン5頁）。

　③定足数の報告に際して報告される議決権の数は、株主総会に来場している株主に留まらず、委任状による代理出席や、書面による議決権行使、電磁的方法による議決権行使も含みます（会310Ⅰ・311Ⅱ・312Ⅲ）。なお、議決権は、上場会社の場合、単元株式数（会2⑳、188）を100株とすることになりますので（上場規程427の2）、100株につき1個の議決権を有します（会308Ⅰ）。ただし、自己株式（会308Ⅱ）や、相互保有株式（会308Ⅰかっこ書、施規67）等は議決権を有しません。

　また、書面による議決権行使の場合の書面とは、「議決権行使書面」（会301Ⅰ）のことであり、実務上は「議決権行使書」と呼称されます。主な議案の定足数に関しては、後掲**図表8-2**のとおりです。同時に株主の数を報告することも多く行われますが、定足数を満たしている旨のみを報告する例もあります。報告のタイミングは、②開会宣言直後が多いですが、⑤報告事項の

報告終了後もみられます。

　④監査報告に関して、計算書類が報告事項となるのは、監査報告・会計監査報告が無限定適正意見等であることが前提となりますので（会439、計規135）、④監査報告は⑤報告事項の報告の前に行われることが一般的です。

　⑤報告事項の報告は、大部にわたりますので、招集通知とともに株主に提供した書類を参照しつつ、事業報告は事業の経過およびその成果ならびに対処すべき課題を中心に説明するほか、連結計算書類は概要を説明し、計算書類は説明を省略することが行われています。近年は、わかりやすさを重視して、映像・ナレーションを用いて報告されることが多く、また、株主の関心が高い事項を説明することを企図して、事業報告の対処すべき課題に続けて、中期経営計画等についてプレゼンを行う場合もあります。

　⑥議案の上程は、その内容が招集通知とともに株主に提供される株主総会参考書類に記載されていますので（会301Ⅰ・302Ⅰ。内容は施規73以下に詳細に規定されています）、これを参照しつつ大要を説明することが行われています。

　⑦質疑応答・審議に関して、取締役および監査役は、株主総会において、株主から特定の事項について説明を求められた場合には、当該事項について必要な説明をしなければならず（会314本文。取締役等の説明義務）、これが行われない場合や不十分な場合、決議取消事由になりえます（会831Ⅰ①）ただし、会議の目的事項に関しないものである場合や、説明をすることにより株主の共同の利益を著しく害する場合等、一定の場合には説明を拒否することができますが（会314但書、施規71）、近年の一般株主重視の傾向から、インサイダー情報や企業秘密等、回答できない事項以外はできるだけ回答する取扱いが一般的です。

　また、株主は、配当の増額等、株主総会に付議された議案に関して修正案を提出したり（会304・309Ⅴ。いわゆる修正動議）、議長交代や会計監査人出席要求（会398Ⅱ）等、議事運営に関する動議を提出することができますが、これらの取り上げるべき動議を取り上げない場合、決議取消事由になりえます（会831Ⅰ①）。なお、休憩動議や質疑打ち切り動議は議長権限に属しますので、取り上げないことも可能ですが、任意に取り上げることも行われます。このため、動議を否決できるだけの議決権数があらかじめ確認できているこ

とを前提に、少なくとも取り上げるべき動議は取り上げたうえで、修正動議の場合は、会社提案とともに修正案も審議し、採決時に会社提案を先議・可決することで修正動議を否決したり、議事運営に関する動議の場合、議長が対案を提出しこれを可決することで否決する等の対応がとられています。

　⑧議案の採決に関して、議案の決議要件が定められており、主なものは**図表8-2**のとおりです。当日出席している株主のほか、委任状による代理出席や、書面による議決権行使、電磁的方法による議決権行使を含めて（会310Ⅰ・311Ⅱ・312Ⅲ）、賛成数が決議要件を満たしたことをもって、可決を宣言することになります。なお、議事運営に関する動議の場合は、書面による議決権行使および電磁的方法による議決権行使は含まれませんので、当日出席している株主（委任状による代理出席を含みます）が有する議決権数の賛否の多寡で決することになります。

図表8-2　主な議案の定足数・決議要件

主な議案	種類	定足数（注）	決議要件
剰余金の配当・役員報酬	普通決議	なし （本則：議決権の過半数）	出席者の議決権の過半数
役員の選任	普通決議	議決権の3分の1以上 （本則：議決権の過半数）	出席者の議決権の過半数
定款変更・合併等	特別決議	議決権の3分の1以上 （本則：議決権の過半数）	出席者の議決権の2/3以上

（注）定款の定めにより、定足数の加重・軽減・排除、決議要件の加重が可能であり（会309、341）、役員選任議案を除く普通決議の定足数は定款で排除し、役員選任議案・特別決議の定足数は下限である3分の1まで軽減することが一般的です。

一口メモ│議案の採決方法が拍手なわけ ──────────────────●

　株主総会の決議は、議案に対する賛成の議決権数が決議要件を満たしたことが明らかになった時点で成立します（最判昭和42・7・25民集21巻6号1669頁）。
　それでは、株主総会会場において賛否の確認はどのようにされているのでしょうか。会社法では、株主総会における採決方法についての定めはありませんが、裁判例では、賛否の確認方法については、特に規定はなく定款に別段の

定めがないかぎり、総会場で異議の有無を諮ったり、挙手、拍手、起立、記名投票その他の方法により、議決権行使書面による議決権行使および電磁的方法による議決権行使の結果とあわせて議案に対する賛否の判定ができる方法さえあればよく、議長は会議体の運営に関する一般的な慣行に従って適当な方法をとることができるとされています（東京地判平成14・2・21判時1789号157頁。新総会ガイドライン265頁参照）。

　すなわち、賛否の確認方法は、書面および電磁的方法による議決権行使の結果とあわせて議案の賛否が判定できる方法であれば慣行に従って適当な方法をとることができるということですので、書面および電磁的方法による議決権行使（加えて、友好的な大株主等、当日出席している株主の中で賛成の意思表示が確認できるもの）をあわせて決議要件を満たしていることを前提として、採決方法は拍手で行われることが一般的です。この場合、株主総会会場では拍手を確認できない株主もいることになりますが、上記の考え方を踏まえますと議案は成立していることになります。

　ただし、書面および電磁的方法による議決権行使（加えて友好的な大株主等）の賛成数では決議要件を満たしていることが確認できない場合は、上記のような拍手で可決とすることができませんので、出席株主全員の賛否を確認するために株主総会の会場で投票等を行うことになります。

　⑨閉会宣言により、株主総会が終了します。したがって、その後行われる⑩役員の紹介や、事業説明会等は、もはや株主総会ではないことになりますので、前述の、取締役等の説明義務（会314）や、取り上げるべき動議は該当しないことになります。

　以上の株主総会を構成する主な項に該当する部分を抜粋したシナリオ例は**図表8-3**のとおりです。シナリオ例の項目・発言者欄に記載されている「＜①議長就任＞」等のシナリオ例が上記の①～⑩までの各項目に該当します。

図表8-3　一般的なシナリオ例（一括審議方式の場合）（抜粋）

項目・発言者	シナリオ
社長	おはようございます。
株主	おはようございます。
＜①議長就任＞	
社長	私は、社長の○○○○でございます。
	株主の皆様には、ご多用中のところご出席いただきましてまことにありがとうございます。
	定款第○条の定めによりまして、私が議長を務めさせていただきますのでよろしくお願い申しあげます。
＜②開会宣言＞	
議長	それでは、ただいまから○○株式会社第○回定時株主総会を開会いたします。
	本総会の議事の運営につきましては、議長である私の指示に従っていただきますよう、ご出席の皆様のご理解とご協力を賜りたく、よろしくお願い申しあげます。また、ご質問等は、報告事項の報告および決議事項の上程の終了後にお受けいたしますので、ご了承賜りたく、よろしくお願い申しあげます。
	株主の皆様には、すでにお手許の招集ご通知に記載のとおり、本総会には報告事項ならびに決議事項として第1号議案から第4号議案までを提出いたしております。
＜③定足数の報告＞	
議長	それでは、まず本総会の決議につきまして、株主数および議決権数をご報告申しあげます。
	本総会において、議決権を有する株主数は○○○名、その議決権数は○○○個でございます。
	本日、ただいままでにご出席の株主様は、議決権行使書およびインターネット等による議決権行使を含めまして、○○○名、その議決権数は○○○個であります。
	したがいまして、本総会の定足数を必要とする議案の決議に必要な定足数を満たしておりますことをご報告申しあげます。
＜④監査報告の報告＞	

議長	それでは、本日の報告事項の報告および議案の審議に先立ちまして、監査役から当社の監査報告をお願いします。引き続き、連結計算書類に係る会計監査人および監査役会の監査結果についても監査役から報告をお願いします。
	それでは、監査役、お願いします。
監査役	私は、常勤監査役の○○○○でございます。各監査役が作成した監査報告書に基づいて、監査役会において審議いたしました結果につきまして、私からご報告申しあげます。
	まず、当社第○期事業年度における取締役の職務執行全般について監査を行ってまいりましたが、お手許の招集ご通知○頁記載の監査役会の監査報告書に記載のとおり、事業報告は、法令、定款に従い会社の状況を正しく示しているものと認めます。…（中略）…
＜⑤報告事項の報告＞ 　議長	それでは、本日の報告事項のうち、第○期事業報告、連結計算書類ならびに当社の計算書類の内容につきましてご報告申しあげます。
	事業報告、連結計算書類および当社の計算書類の内容につきましては、お手許の招集ご通知に記載のとおりでございますが、〔スライドを織り交ぜながら／映像とナレーションにより、〕その概要をご報告いたしたいと存じます。…（中略）…。（注）
	以上で、第○期事業報告、連結計算書類および当社の計算書類の内容のご報告を終了いたします。
＜⑥議案の上程＞ 　議長	
	引き続きまして、第1号議案から第4号議案までの各議案を上程させていただきますとともに、その内容につきましてあらかじめご説明申しあげます。
	まず、第1号議案「剰余金の処分の件」の内容でございますが、本議案の内容につきましては、お手許の招集ご通知○頁に記載のとおりであり……。期末配当金は前期と同様、1株につき○円とさせていただきたいと存じます。以上のとおりご提案申しあげます。…（第2号議案以下略）…

＜⑦質疑応答・審議＞	
議長	それでは、報告事項および決議事項に関する質問ならびに動議を含めた審議に関するご発言をお受けし、その後、各議案につきまして、採決を取らせていただきたいと存じます。なお、ご発言に際しては、挙手をしていただき、私が指名いたしましたら、お近くのマイクスタンドまでお進みいただき、ご自分の出席票番号とお名前をおっしゃっていただいたうえで、要点を簡潔にまとめてご発言くださいますようお願い申しあげます。なお、ご発言が終了しましたら、お席にお戻りくださいますようお願い申し上げます。 それではどなたかいらっしゃいますか。 …（中略）…
議長	ご質問等がないようでございますので議案の採決に入らせていただきます。
＜⑧議案の採決＞	
議長	それでは、第1号議案「剰余金の処分の件」を採決します。 本議案の内容は先程ご説明したとおりでございます。 本議案につきまして、ご賛成の株主様は拍手をお願いします。
株主	（拍手）
議長	ありがとうございました。 議決権行使書およびインターネット等による議決権行使を含めまして、過半数のご賛成でございますので、第1号議案は原案どおり承認可決されました。 …（第2号議案以下略）…
＜⑨閉会宣言＞	
議長	それでは、本総会の議事は、これをもってすべて終了いたしましたので、本総会を閉会いたします。 株主の皆様には、熱心にご審議をいただきまして、まことにありがとうございました。
株主	（拍手）
＜⑩役員の紹介＞	

議長	なお、議事の終了後でまことに恐縮でございますが、先程、新たに選任されました取締役を株主の皆様にご紹介させていただききたいと存じます。 取締役の○○○○でございます。
取締役	○○○○でございます。よろしくお願い申し上げます。
株主	（拍手）
議長	株主の皆様には、長時間にわたりまして、まことにありがとうございました。
株主	（拍手）

(注) ナレーションがなく議長が肉声でスライドを用いて説明する場合「スライドを織り交ぜながら、」になり、議長は説明せず映像とナレーションで説明する場合「映像とナレーションにより、」等になります。これらを用いない場合いずれも不要です（議長が肉声のみで説明します）。

　なお、審議方式には、報告事項の質疑応答を行った後に各議案ごと上程し審議・採決を行う個別審議方式と、報告事項の報告と全議案の上程を行い質疑と議案の審議をまとめて行った後に議案を採決する一括審議方式に大別されますが、近年は、質問内容を区別することなく一般株主が発言できる後者の方式が広く用いられていますので、**図表8-3**では後者の方式で記載しています。

　このほか、オンラインで株主が参加・出席するバーチャル株主総会の場合は、肖像権やプライバシーの観点で、映像は役員席に限定し、株主が発言する際は氏名を述べず出席票番号のみを述べる等の配慮が必要です。加えて、オンラインで出席している株主の質問や動議の取扱い（たとえば、質問は画面に入力する方法にしたり、動議は実際の会場にいる株主に限る等）を決めておくことになります。また、産業競争力強化法に基づき、オンラインのみの出席となるバーチャルオンリー株主総会の場合は、通信障害等に備えて、総会を延期する延期・続行の決議（産競66Ⅱによる読替後の会317）を行う等の必要があります。

2　電子提供制度における株主総会運営

(1)　電子提供制度実施による影響

　これまで述べたとおり、電子提供制度は、株主総会参考書類、連結計算書類ならびに計算書類、事業報告およびこれらの監査報告・会計監査報告を会社のウェブサイト等に掲載し、招集通知に当該ウェブサイトのアドレスを記載・送付することによって、これらの書類を提供するものです。

　上記のとおり招集手続を行いますと、招集通知のみ（これを実務上「招集通知（アクセス通知）」といいます）を送付し、株主総会参考書類等はウェブサイトに掲載される形になりますので、株主の手元には、招集通知（アクセス通知）のみがある状態になります。

　図表8-3のとおり、これまでの株主総会運営では、監査報告や報告事項の報告、議案の上程の際に「お手許の招集通知○頁記載のとおり」等と説明していますが、そのままでは、かかる取扱いはできないことになります。引き続きこのような説明を行うためには、株主総会受付で、書面交付請求をした株主に送付した書面（招集通知と株主総会参考書類等。以下便宜「交付書面」と記載します）を来場株主に配布する対応がまず考えられます。ただし、この場合は、本来、書面交付請求株主分を想定して交付書面の部数を印刷しておけばよかったところ、想定される来場株主分を加えた数で印刷することが必要になります。

　かかる考慮の必要性は、書面交付請求をしていない株主に対して、招集通知（アクセス通知）に株主総会参考書類等の要約を添付して送付する対応（これを「サマリー」といいます。第5章**図表5-9**〔p.83〕参照）においても生じます。

　ただし、交付書面をすべての株主に送付する対応（これを「フルセット（フルセットデリバリー）」といいます。第5章**図表5-9**参照）の場合は、交付書面は提供済みということになりますので、かかる考慮の必要性はなくなります。

　なお、事業報告の業務の適正を確保するための体制や、計算書類の注記表など、電子提供措置事項（会325の5Ⅰ・325の3Ⅰ各号）のうち、交付書面に記載を省略できる事項があります（会325の5Ⅲ、施規95の4）（一部記載省略）。これを行う場合、ウェブサイトに掲載されている招集通知や株主総会参考書類

等（電子提供措置事項）と交付書面とで記載の違いがでますので、ウェブサイトに掲載されているものと交付書面で掲載頁が異なることになります。「お手許の招集通知○頁記載のとおり」のウェブサイトと書面での違いを避けるうえでは、ウェブサイトには、交付書面と記載を省略した事項を別ファイルにして掲載することが考えられます。

(2)　画面投影による対応

　紙削減を重視して、書面交付請求をしていない株主に対して、招集通知（アクセス通知）のみを送付する場合、またはサマリーを送付する場合に、株主総会会場において、交付書面の配布を行わないようにする対応としては、参照する招集通知はウェブサイト掲載のものとし、適宜プロジェクターなどの画面にその内容または概要を投影することが考えられます。

　かかる対応をとるためには、プロジェクターを設置し画面投影する準備が必要になりますが、前述のとおり、近年は、多くの会社で、報告事項の報告は映像とナレーションで行われており、その場合は、改めて用意する必要はないことになります。ただし、これまで手元の書面でみていた文字や図表と、プロジェクターに投影されるものとでは、見え方や情報量に違いがありますので、そのことも踏まえてどのような内容を投影するかを考慮する必要があります。株主の見やすさを考慮する場合、プロジェクターを大きくしたり、台数を増やすなどの配慮をするほか、来場株主数が多くなければ、投資家説明会等でみられるように、投影資料を印刷して当日配布する対応も考えられます。

　なお、株主がオンラインで出席・参加するバーチャル株主総会の場合は、オンラインで出席・参加する株主に書面の配布はないことになりますので、基本、画面投影による対応になると考えられます。

図表8-4　画面投影で運営する場合のシナリオ例

（冒頭の司会と、**図表8-3**と異なる部分のみ記載、下線が該当箇所）

項目・発言者	シナリオ
司会	株主の皆様にご案内申しあげます。本日は、○○○○株式会社第○回定時株主総会にお越しいただきまして、まことにありがとうございます。
	開会に先立ちまして、ご案内させていただきます。議事運営の妨げとなる恐れがありますので、スマートフォン、携帯電話等の電源はお切りいただくか、マナーモードに切り替えていただきますようお願い申しあげます。
	会社法の規定に基づき、報告事項や議案の内容が記載されております招集ご通知は、原則当社ウェブサイト上での提供となり、書面ではお渡ししておりません。
	前方のスクリーンにご説明する招集通知の内容を投影いたしますのでそちらをご覧くださいますようお願い申しあげます。
	報告事項や議案の内容が記載されております招集ご通知をご希望の方は受付にてご用意しておりますので、お申し付けください。
	それでは、まもなく開会となりますので、今しばらくお待ち下さい。
＜②開会宣言＞ 議長	それでは、ただいまから○○株式会社第○回定時株主総会を開会いたします。
	本総会の議事の運営につきましては、議長である私の指示に従っていただきますよう、ご出席の皆様のご理解とご協力を賜りたく、よろしくお願い申しあげます。また、ご質問等は、報告事項の報告および決議事項の上程の終了後にお受けいたしますので、ご了承賜りたく、よろしくお願い申しあげます。
	本総会の目的事項である報告事項ならびに決議事項の内容は、会社法第325条の3の定めに基づき、当社ウェブサイト掲載の招集ご通知○頁から○頁に記載のとおり株主の皆様にご提供しております。

	<u>法令の趣旨を踏まえ、書面によるご送付はしておりませんが、前方スクリーンに投影いたしますので、ご覧いただきますようお願い申しあげます。</u>
＜④監査報告＞ 　　議長 　　監査役	…（前略）…それでは、監査役、お願いします。 私は、常勤監査役の○○○○でございます。各監査役が作成した監査報告書に基づいて、監査役会において審議いたしました結果につきまして、私からご報告申しあげます。 まず、当社第○期事業年度における取締役の職務執行全般について監査を行ってまいりましたが、<u>当社ウェブサイト掲載の招集ご通知○頁に記載の監査役会の監査報告書謄本に記載のとおり</u>、事業報告は、法令、定款に従い会社の状況を正しく示しているものと認めます。…（中略）… <u>（同時に招集ご通知○頁の内容または概要を前方スクリーンに投影する）</u>
＜⑤報告事項の報告＞ 　　議長	それでは、本日の報告事項のうち、第○期事業報告、連結計算書類ならびに当社の計算書類の内容につきましてご報告申しあげます。 事業報告、連結計算書類および当社の計算書類の内容につきましては、<u>当社ウェブサイト掲載の招集ご通知に記載のとおり</u>でございますが、〔スライドを織り交ぜながら／映像とナレーションにより、〕その概要をご報告いたしたいと存じます。…（中略）…。（注）
＜⑥議案の上程＞ 　　議長	引き続きまして、第1号議案から第4号議案までの各議案を上程させていただきますとともに、その内容につきましてあらかじめご説明申しあげます。 まず、第1号議案「剰余金の処分の件」の内容でございますが、本議案の内容につきましては、<u>当社ウェブサイト掲載の招集ご通知○頁に記載のとおり</u>であり……。期末配当金は前期と同様、1株につき○円とさせていただきたいと存じます。以上のとおりご提案申しあげます。

	… （第2号議案以下略）…
	（同時に招集ご通知○頁の内容または概要を前方スクリーンに投影する）

(注) ナレーションがなく議長が肉声でスライドを用いて説明する場合「スライドを織り交ぜながら、」になり、議長は説明せず映像とナレーションで説明する場合「映像とナレーションにより、」等になります。

(3) QRコード・スマートフォンの活用

　電子提供制度は株主総会参考書類等をインターネットのウェブサイトに掲載することによって株主に提供する制度であり、また、第1章**図表1-6** (p.18) のとおり、インターネット利用する際の主な情報通信機器はスマートフォンになっています。このこともあって、第5章**図表5-5** (p.74) のとおり、招集通知（アクセス）にも、株主がスマートフォンで読み取ることでウェブサイトに掲載された招集通知にアクセスできるよう、該当アドレスを記載したQRコードを掲載する例も多くなっています。

　かかる方法で招集通知の内容を確認することを株主総会の運営上用いることも考えられます。この場合、手許に招集通知（アクセス通知）がない場合も考慮して、株主総会の受付でQRコードを印字したものを用意しておくことになりますが、この方法として、招集通知（アクセス通知）記載のQRコードを示したり、受付で渡す出席票等に当該QRコードを印字しておくことが考えられます。また、貸し出せる台数に限りはあると思いますが、スマートフォンを携行していない株主に会場内でタブレット端末等の通信機器を貸し出す対応も限定的にみられるようです。

　ただし、そもそも、スマートフォンは通信・カメラ・録音機能を有するため、株主により会社に無断でインターネット上に株主総会の様子が配信されるリスクがあることから、株主総会の会場内では、スマートフォン等の通信機器の使用は禁止する取扱いが一般的です。したがって、QRコードで読み取ることによりスマートフォン等で招集通知の内容を確認する運営を行う場合、当該リスクが高まるおそれがあります。

　また、スマートフォンの画面は5インチ程度のものが主流ですが、ウェブサイトに掲載される招集通知は、通常、定型封筒に二つ折りで封入されるサ

イズで作成されるため、スマートフォン画面に最適化されておらず、見づらい可能性もあります。

　このほか、通信料は株主負担となることから、その点をとらえて、株主から無料で利用できるWi-Fi環境を提供するよう求められる場合があることも想定はしておくべきでしょう。

　このような留意点はありますが、電子提供制度の実施を踏まえて、書面の配布を行わないと同時に、招集通知の内容をすべて株主総会会場で確認できる環境を用意するとしたら、QRコードで読み取ることによりスマートフォン等で招集通知の内容を確認する方法も検討に値するのではないかと思われます。

図表8-5　QRコード・スマートフォンを活用したシナリオ例

（冒頭の司会と、**図表8-3**と異なる部分のみ記載、下線が該当箇所）

項目・発言者	シナリオ
司会	株主の皆様にご案内申しあげます。本日は、○○○○株式会社第○回定時株主総会にお越しいただきまして、まことにありがとうございます。
	開会に先立ちまして、ご案内させていただきます。議事運営の妨げとなる恐れがありますので、スマートフォン、携帯電話等の電源はお切りいただくか、マナーモードに切り替えていただきますようお願い申しあげます。
	会社法の規定に基づき、報告事項や議案の内容が記載されております招集ご通知は、原則当社ウェブサイト上での提供となり、書面ではお渡ししておりません。お手許の出席票にＱＲコードを印字しておりますので、株主様ご自身のスマートフォン等にて読み取っていただきますと、招集ご通知の内容がご覧いただけます。
	前方のスクリーンにご説明する招集通知の内容を投影いたしますのでそちらをご覧くださいますようお願い申しあげます。（注）
	お手許にスマートフォン等の通信機器をお持ちでない株主様は、報告事項や議案の内容が記載されております招集ご通知を受付にてご用意しておりますので、ご希望の

	方はお申し付けください。
	それでは、まもなく開会となりますので、今しばらくお待ち下さい。
＜② 開会宣言＞ 　　議長	それでは、ただいまから○○株式会社第○回定時株主総会を開会いたします。
	本総会の議事の運営につきましては、議長である私の指示に従っていただきますよう、ご出席の皆様のご理解とご協力を賜りたく、よろしくお願い申しあげます。…（中略）…
	本総会の目的事項である報告事項ならびに決議事項の内容は、会社法第325条の3の定めに基づき、当社ウェブサイト掲載の招集ご通知○頁から○頁に記載のとおり株主の皆様にご提供しております。
	法令の趣旨を踏まえ、書面によるご送付はしておりませんが、前方スクリーンに投影いたしますので、ご覧いただきますようお願い申しあげます。（注）
	また、出席票または書面にてご送付しました招集ご通知記載のＱＲコードから、ご自身のスマートフォン等により当社ウェブサイト掲載の招集ご通知にアクセスいただくことも可能です。
	なお、あらかじめご案内のとおり、携帯電話やスマートフォンでの録音または撮影はお控えくださいますよう、重ねてお願い申しあげます。
（以下図表8－4同様）	

(注) 交付書面の内容または概要を前方スクリーンに画面投影する対応を併用する場合のものです。

　第5章の**図表5-12**（p.87）のとおり、2023年6月総会においては、交付書面をすべての株主に送付するフルセットデリバリーを選択した先が多かったことから、従来同様、「お手許の招集ご通知記載」で対応した先が多かったようです。なお、2023年3月期決算の三井住友トラストグループ証券代行受託会社における調査では、812社の中では、114社14.0％が当日配布資料にQRコードを記載する対応をとっており、また、32社3.9％が画面投影資料を当日配布する対応（画面投影する内容が見えない場合に対処することを企図したもの

で、投資家説明会等でみられる対応）をとっています。

3　新型コロナウイルス感染拡大による運営の変化

　2020年に感染拡大した新型コロナウイルスに対する対応策は、緊急事態宣言を頂点として、外出・移動の制限や、飲食店の営業時間・収容員数の制限、イベント等の開催制限、施設の利用制限等の措置を講じるとともに、各人に行動制限を強く求めるものでした。

　しかしながら、株主総会は、任意の催しではなく、会社法の規定により毎事業年度の終了後一定の時期（通常定款の定めにより事業年度末日から3か月以内）の開催が必要となる株式会社の会議体であり（会296Ⅰ）、上場会社の場合、株主総会の決議の省略（会319）、株主総会への報告の省略（会320）は不可能ですので、開催しないという選択肢はありませんでした。

　他のイベント同様、人と人の距離を確保するため人数上限や収容率上限を設けるとすると、株主総会においても、来場抑制、入場拒否を行わなければなりませんが、株主総会の会場が狭くて入場できない株主がいるのにもかかわらず、延会にする等して議決権行使の機会を与えることなく、そのまま議決権行使を行った場合決議取消しが認められるとされていましたので（最判昭和58・6・7民集37巻5号517頁等。会社法コンメ⑲260頁）、これまでは、予想される来場者が収容できる会場を用意し、予想を上回る場合、間隔を詰めてでも入場させる対応をとっていました。

　また、長時間人が集まる状態を回避するためには株主総会の所要時間を短縮することが必要になりますが、質疑応答の時間を与えなかったり説明を省略したりして決議を急いだ場合も決議取消事由に該当しますので（大阪高判昭和42・9・26高民集20巻4号411頁等。逐条解説会社法(9)136頁参照）、できるだけ質問を受け付け、回答する運営が行われていました。

　このような総会運営が行われていたなかで、感染対策として、来場抑制や、会場内混雑回避のための入場制限、長時間人が集まる状態を回避するための所要時間の短縮を行うことができるかが緊急の課題となったわけですが、2020年4月に公表された参考文献「総会運営Q&A」は、新型コロナウ

イルスが感染拡大する中で、感染拡大防止策をとる株主総会運営の指針として取り扱われました。

　総会運営Q&Aは、①来場自粛の呼びかけ、②入場制限・株主が出席してない状態での開催、③株主総会出席についての事前登録制（事前登録者を優先的に入場させる等の措置）、④症状を有する株主の入場拒絶・退場、⑤株主総会の時間短縮・総会後の交流会等の中止等、そして、2023年5月8日から新型コロナウイルスが新型インフルエンザ等感染症から5類感染症の位置づけに変わる予定であることを受けて、同年3月30日に追加された、⑥位置づけ変更後の取り扱いから構成されており、新型コロナウイルス感染症が拡大し、関係者の健康や安全の確保を特に重視した対応が求められるという特殊な状況下では、①から⑤の対応をとることは可能とする見解を示しています。

　本Q&Aの①から⑤までの対応は、新型コロナウイルス対策が社会全体の喫緊の課題となった状況を受け、関係省庁において会社法上適法と考えられる措置を公表したものであることからすれば、運用において留意すべき点はあるものの、本Q&Aに沿った措置が著しく不公正と評価されることは考え難く、仮に形式的に法令に違反すると評価されることがあったとしても、裁判所において裁量棄却により救済されることは十分期待してよいものと評価されています（渡辺・考え方62〜63頁）。なお、裁量棄却とは、決議取消事由が存在しても、裁判所は、その違反する事実が重大でなく、かつ、決議に影響を及ぼさないものであると認める場合に決議取消請求を棄却することができるというものです（会831Ⅱ）、

　実際、新型コロナウイルス感染症の感染拡大防止という公益目的のために出席する株主数を一定数に限定し、かつ、株主間の公平性を担保するために、事前登録の希望者が会場に設置する座席数を超える場合には事前登録者から抽選により出席者を選定するという事前登録制を採用することは、やむを得ないものであり、事前登録制の採用自体が合理性を欠くものであるとは認められないとした事案があります（静岡地沼津支決令和4・6・27資料版商事法務461号137頁）。

　こうして、多くの株主総会において、感染拡大局面での拡大防止策として行われた取組みとしては次のものがあります。

　まず、感染予防のため、株主にマスクの着用を依頼するとともに、直接マイクに接触しないようスタンドマイクを使用します。

　次に、時間短縮を図るべく、開会宣言後、所要時間が長くならないよう努めることを述べたり、終了見込み時間を予告したりします。

　そのうえで、定足数の報告はその数は述べず、満たしていることを説明したり、監査報告は議長が記載のとおりであることのみ述べ、報告事項および決議事項は（動画で説明する部分を除き）招集通知記載のとおりであるとして説明を省略したりします。

　さらに、質疑応答時間を長くならないようにするために、質問は会議の目的事項に限るよう求めたり、一人一問等の質問数制限を行ったりします。

　図表8-6は、こうした新型コロナウイルス感染拡大下で株主総会において説明を短縮した事項等の状況を示したものです。なお、2023年は5月以降新型コロナウイルス感染症が5類移行していますので、短縮等の対応が減少しています。

　ただし、2023年3月30日に追加された、⑥位置づけ変更後の取り扱いでは、①から⑤までの各措置をとることがただちに否定されるのではありませんが、かかる措置をとることが許容されるか否かは、新型コロナウイルスの感染状況や対策の在り方等が昨今変化していることを踏まえながら、関係者の健康や安全の確保および株主の権利にも十分に留意しつつ、事案ごとに個別的に判断されることになるとされています。

　5類感染症の位置づけに移行された後の感染状況や社会経済活動の状況を踏まえますと、①から⑤までの措置をとることは難しいと考えられます（従来の考え方が適用され本節冒頭に記載した決議取消事由に該当するおそれがあります）。他方で、総会運営Q&Aの前文では、今後の株主総会の運営の在り方は、コロナ禍で進んだITの活用などを行いつつ、一層の工夫が求められるとされていますので、感染拡大前とは異なる運営を志向していくことも考えられます。

　この点に関して、感染拡大の状況下において、たとえば、総会開催前にウェブサイト上であらかじめ質問を受け付け、株主の関心が高いと思われるものを中心に回答することで時間短縮を図る対応（事前質問）も見られましたが、平時においても、このような試みは審議の充実化に資するものになり

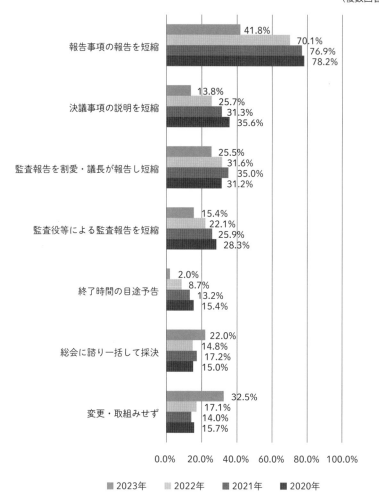

図表8-6　感染予防対策のため説明を短縮・進行方法を変更等した事項

（複数回答）

報告事項の報告を短縮
- 41.8%
- 70.1%
- 76.9%
- 78.2%

決議事項の説明を短縮
- 13.8%
- 25.7%
- 31.3%
- 35.6%

監査報告を割愛・議長が報告し短縮
- 25.5%
- 31.6%
- 35.0%
- 31.2%

監査役等による監査報告を短縮
- 15.4%
- 22.1%
- 25.9%
- 28.3%

終了時間の目途予告
- 2.0%
- 8.7%
- 13.2%
- 15.4%

総会に諮り一括して採決
- 22.0%
- 14.8%
- 17.2%
- 15.0%

変更・取組みせず
- 32.5%
- 17.1%
- 14.0%
- 15.7%

0.0%　20.0%　40.0%　60.0%　80.0%　100.0%

■ 2023年　■ 2022年　■ 2021年　■ 2020年

（出所）2020総会白書117頁、2021総会白書111頁、2022総会白書117頁および2023総会白書108頁に基づき作成。

えます。3月期決算の三井住友トラストグループ証券代行受託会社における調査では、事前質問を行う先は、2021年13％、2022年15％、2023年15％と

推移しており、5 類移行後も継続されている様子がうかがえます。

　また、来場抑制の観点で多くの会社で来場株主へのお土産の配布を中止しましたが、もともと遠方等で来場できない株主との公平性の観点等から中止したいと考えていたとしたら、そのような取扱いに変更する機会になっているともいえます。3 月期決算の三井住友トラストグループ証券代行受託会社における調査では、お土産を配付する先は、感染拡大前の2019年は57％でしたが、感染拡大後は、2020年10％、2021年 4 ％、2022年 5 ％、2023年10％と推移しており、かつてのように多くの会社がお土産を配付している状況ではないようです。

　このように、感染拡大防止下において行われた株主総会運営の経験をきっかけに、総会運営のあり方を変えていく場合もあるように思われます。

4 今後の株主総会の運営に関する議論

(1)　前　提

　株主総会は、**1**において述べた内容でおおむね理解され、運営されてきましたが、**2**の電子提供制度実施により書面を前提としない運営を行う動きがみられ、さらには、**3**の新型コロナウイルス感染拡大防止策により、これまでにない制限を課した運営を各社が経験しています。

　このことを背景に、近時、株主総会運営のあり方に関する議論がなされるようになっており、その一端をご紹介するものです。

　なお、この議論は、法律上または実務上確立されたものではありませんので、おそらく議論されている内容で運営する流れがすぐに広まることはないように思われます。しかしながら、今後も議論され実務に影響を与える可能性があります。

(2)　株主総会における採決手続の省略

　前述のとおり、判例では、株主総会の決議は、議案に対する賛成の議決権数が決議要件を満たしていることが明らかになった時点で成立するとしていますが（最判昭和42・ 7 ・25民集21巻 6 号1669頁）、そうであるならば、議決権行

使書面等の事前行使により決議要件を満たし、その時点で議案が可決することが確実であれば、株主総会の場で採決を行うことは不要であり、その分形式的な進行ではなく株主総会を株主との対話を充実化する場にできるのではないかというものです。

このような考え方に立つ運営方法として、冒頭に、定足数宣言に代えて、事前の議決権行使で全議案の可決が確定している旨を説明することによって、事業報告・計算書類の主要項目を網羅的に触れ、決議事項についての特別の説明義務（会361Ⅳが定める報酬議案の相当性の説明等）に必ず言及するといった対応から離れ、CEOからの将来ビジョン、経営方針、経営課題への対処方針などについてプレゼンテーションや、社外取締役・監査役等からの活動状況の報告等を主体とする運営方法をとることが提唱されています（倉橋・新しい株主総会シナリオ31～35頁）。

この方法をとる上での懸念事項としては、まず、採決手続を省略することは株主総会の決議取消事由（会831Ⅰ①）に該当するとの見解があります。採決に係る手続的な瑕疵が主張され、決議取消事由の有無が争われた事案において、その手続が著しく不公正であるといえるかが検討されており（東京地判平成14・2・21判時1789号157頁、東京地判平成19・10・31金判1281号64頁等）、事前の議決権行使によって可決されることが確実である平時の株主総会においては、採決に係る手続が省略されるとしても、そのことにより決議の方法が著しく不公正であると解されることは通常想定しがたいとの意見があります（辰巳・採決手続の省略58～59頁）。ただし、決議成立を宣言して採決をしないとしても議案の審議は必要であるとの意見もあります（北村ほか・座談会Ⅴ47頁）。

次に、議場における討議や確定的な賛否の態度の表明等の審議過程は表決の成立の前提として必要になるとの見解があることについても、書面による議決権行使により出席せずとも議決権行使ができるようになっていることから、討議や確定的賛否の態度の表明といった審議過程が決議の成立の前提として必要になると解する必然性はないとしています（辰巳・採決手続の省略59頁）。

(3)　平時における入場制限

　前述の参考文献「総会運営Q&A」に基づき、新型コロナウイルス感染防止策として、入場制限は可能であるとされています。しかしながら、過去の判例は、前述のとおり入場できない株主がいるのにもかかわらず議決権行使を行った場合決議取消しが認められるとしていますので（最判昭和58・6・7民集37巻5号517頁等）、今後も入場制限ができるのかどうかということが議論されています。

　この点、現行法の解釈論としては、一般的に、株主の権利に希望すれば必ず株主総会に出席できる権利が含まれないなどということはできないことから、パンデミックといった特殊な状況を前提にしなければ、総会当日の出席株主制限等を、ただちに適法であると評価することはできないとしながらも、たとえば、書面・電磁的方法による議決権行使の期限を実質的に採決開始時まで後倒しを行い、採決開始時点において、株主総会のライブ配信等により総会に出席しない株主に対して総会に出席した株主と実質的に異ならない情報が提供されていたときは、決議取消事由（会831 I ①）に原則として当たらないと解釈することは可能であるとの意見があります（伊藤＝髙原31頁）。

(4)　説明義務違反と決議取消し

　取締役等の説明義務（会314）に違反することは、決議取消事由（会831 I）になるとされており、当該義務の履行は株主総会運営上きわめて重要です。しかしながら、実務では、決議取消事由に該当しないよう些細なミスも許されないという意識が広く持たれているため、日本の株主総会は厳格に運営されすぎていたのではないかと指摘されています（松尾＝中川・総会将来展望9〜12頁）。

　この点、説明義務を履行することにより、会場での質問により新たな情報が提供にされたとしても、事前に書面および電磁的方法による議決権行使した株主はその情報を利用できず、通常は、書面および電磁的方法による議決権行使結果だけで決議の帰趨が決まるため、決議結果に影響を及ぼし得ないとの指摘があります（田中・総会運営Q＆A45頁）。

(5)　株主総会の位置づけ

　株主総会は、一般的には、会社の所有者である株主から構成され、株主の総意によって会社の意思を決定する機関と理解されてきました。

　しかしながら、日本の株式保有も国内外の機関投資家の割合が過半を超える状況となり（日本の株式市場全体で、ほぼ機関投資家とみられる外国法人等の保有比率は30.1％、信託銀行の保有比率は22.6％（東証ほか・2022年株式分布））、特に機関投資家の保有割合が高い企業においては、株主総会の議案を確定させる前に機関投資家に対して個別に議案内容の説明をする先がみられるようになっています（全株懇・2023年調査報告14頁によると当該説明を実施する先の割合は14.6％）。このような場合、意思決定は実質的に株主総会の場というよりも事前のこのような活動で行われていることになります。こうした状況も踏まえて、株主総会の位置づけを見直す議論がなされています。

　2020年7月に公表された経済産業省・在り方研究会報告書では、株主総会を、当日だけでなく株主総会プロセス全体が実質的な審議の場としての役割（意思決定機関としての株主総会）と審議を経て決議をする場（会議体としての株主総会）の二つの側面に分けて検討しています。

　意思決定機関としての株主総会については、企業側の取組みとして、議案を策定する段階から対話を実施したり、議決権の多くを保有する投資家・株主の賛否結果を確認して中長期的な企業戦略の考え方やガバナンス体制についての問題点を把握すること、投資家との対話を踏まえて必要と考えられる事項を入手容易な方法で開示すること、中長期的な企業価値向上に向けた戦略の中で自社のガバナンス等を説明したり、中長期の戦略の中で議案の位置づけや必要性を説明することを挙げています（経済産業省・在り方研究会報告書17～19頁）。投資家・株主の取組みとして、企業との対話を踏まえ中長期的な企業戦略の観点を踏まえた議決権行使判断を行うこと、議決権行使に係る企業との対話を行う部署を対外的に明らかにし年間を通じて対話を行う部署と議決権行使判断を行う部署が異なる場合それらの部署が適宜情報共有・連携を行うこと、投資家・株主は、議決権行使の方針等について形式基準のみならずその基本的な思想や考え方の全体像を明らかにするほか、対話の余地がなく受け入れることが困難と考えられる事項についてその理由とともに議決

権行使の方針等で明らかにすることを挙げています（同20〜21頁）。

　会議体としての株主総会については、①決議に向けた審議の場としての意義、②信認の場・確認の場としての意義、③対話の場・情報提供の場としての意義に整理したうえで、意思決定に向けた審議や決議について実質的には年間を通じた株主総会プロセスの中で果たされている場合、②や③の意義があることが多いとしています（同41〜42頁）。

議決権行使のデジタル化と株主とのコミュニケーション

第1章で触れたとおり、株主総会に関するデジタル化の取組みは、電子提供制度以外にもこれまで推進されてきました。デジタル化はある場面においてのみ実施されても効果は限定的であり、株主総会プロセス全体がデジタル化されてこそ、それを利用する人にとって大きく利便性向上が図れるものということができます。

本章では、電子提供制度以外の株主総会プロセスにおけるデジタル化の進展状況について、特に議決権行使に関連する事項を中心に今後の展望も含め説明します。

図表9-1　株主総会プロセスとデジタル化対応例

期日	会社のアクション	株主にとってのデジタル化
株主総会の日の3週間前の日までに実施	電子提供措置開始	議案・事業報告等がインターネットで閲覧可能
株主総会の日の2週間前までに発出	招集通知・議決権行使書送付	議決権がインターネット等で行使可能
株主総会の日の数日前まで	事前質問の受付	総会に出席・参加しなくても、インターネットで質問が可能
株主総会当日	バーチャル株主総会	開催場所に行かなくても、インターネットで株主総会に出席・参加可能

1 インターネット等による議決権行使

⑴　議決権電子行使プラットフォーム

　議決権行使を電磁的方法、すなわちインターネット等を活用して実施する方法は第1章❷のとおり（p.16）株式会社ICJが運営する議決権電子行使プラットフォームと株主名簿管理人が運営する議決権電子行使ウェブサイトによるものがあります。議決権電子行使プラットフォームは主として機関投資家が利用するインフラで、導入に伴うメリットはおおむね**図表9-2**のとおりです。機関投資家は、株主名簿上の株主である管理信託銀行とは別に、議決権の内容を指図する主体（指図権者）が存在します。そのため、電子提供制度を含めてデジタル化が行われていない状況では、管理信託銀行が指図権者に紙の招集通知を転送し、指図権者が議案を検討した後、再び管理信託銀行が指図内容を集計し、株主名簿管理人に対して議決権行使書を送付する、という流れとなっていました。結果として、指図権者は十分な議案検討期間が確保できないことや、大株主である管理信託銀行の議決権行使結果が株主総会の直前まで把握しにくいという点が問題として意識されていました。議決権電子行使プラットフォーム採用下においては、指図権者が直接プラットフォーム上で議決権を行使することができるため、指図権者にとって十分な議案検討期間が確保できることとなります。また、発行会社にとっても議決権行使結果が実質株主単位で行使されることとなり、タイムリーに行使が把握できることとなります。このようなメリットから、ＣＧコード補充原則1‐2④では、「上場会社は、自社の株主における機関投資家や海外投資家の比率等も踏まえ、議決権の電子行使を可能とするための環境作り（議決権電子行使プラットフォームの利用等）や招集通知の英訳を進めるべきである。特に、プライム市場上場会社は、少なくとも機関投資家向けに議決権電子行使プラットフォームを利用可能とすべきである。」と規定し、上場会社に対して利用を推進すると共に、特に機関投資家が株式を保有する可能性が高いプライム市場上場会社に対しては「少なくとも機関投資家向けに議決権電子行使プラットフォームを利用可能とすべきである。」とされています。

図表9-2　議決権電子行使プラットフォーム（PF）による効果

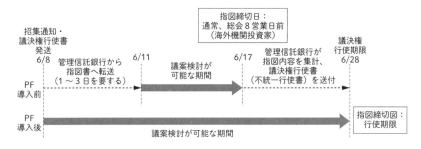

(出所) 株式会社ICJホームページ（https://www.icj.co.jp/service/platform/outline/merit/）を基に作成

用語解説 | 実質株主と名義株主

　投資顧問会社や投資信託会社などのいわゆる機関投資家は、投資する株式等の管理をカストディアンといわれる管理信託銀行等の金融機関に委託します。そのため、株式はカストディアンが保有することとなり、株主名簿上の名義としてはカストディアンの名義が記録されます。この機関投資家のような、株主名簿には記録されないものの、実質的には株式を保有する主体を実質株主といいます。実質株主は、議決権行使指図の権限などを有しますので、SR（Shareholder Relations・株主との対話）を実施する際の相手方となり、発行会社はこのような実質株主を把握する必要が生じます。

　現在（2023年12月時点）は、発行会社は専門会社などに委託し、実質株主判明調査を行うこと等により実質株主の把握を行っていますが、このような制度について、見直しを行うべきとの意見があり、制度検討が進められています（金融審議会「公開買付制度・大量保有報告制度等ワーキング・グループ」）。

⑵　議決権電子行使ウェブサイト

　主に個人株主がインターネットで議決権行使を行うために、株主名簿管理人が開設しているウェブサイトです。インターネットによる議決権行使は、ウェブサイトにアクセスし、ID・パスワード入力による本人認証を行い、

実施することとなります。ID・パスワードは一般的に株主総会ごとに設定され、議決権行使書に記載される形で各株主に通知されますので、招集通知・議決権行使書が手元に到達した後から議決権の行使が可能となります。

　株主が複数の会社の株式を保有している場合、上記のとおりID・パスワードはそれぞれ個別に発行されますので、議決権行使を行おうとする会社ごとに本人認証を経なければならず、利便性の観点からインターネットによる行使は十分に進んで来なかった面がありました。スマートフォン経由でのインターネット行使の場合、認証手続を経ずに議決権行使が可能であり（詳細は(3)で後述します）、そのような行使を認める発行会社が増えてきているため、インターネット経由での議決権行使は、個人株主においても広く浸透し始めています。

(3)　スマートフォンによる議決権行使

　(2)のとおり、議決権電子行使ウェブサイト経由の議決権行使では本人認証の手続が生じるため、複数の株式を保有する株主にとっては入力作業が手間であったり、保有する会社によっては議決権行使ウェブサイトが異なるといった不便が生じていました。このような入力の手間を解消する観点から、スマートフォンを活用した議決権行使の取り組みが進んでいます。2023年6月現在、三井住友信託銀行証券代行受託会社のうち、81%（1,230社）がスマートフォンによる議決権行使を採用しています。

　スマートフォンによる議決権行使は、**図表9-3**のとおり、議決権行使書面に印刷されたQRコードを読み取ることで行います。QRコードの読み取りにより自動的に本人認証を行い、株主はすぐに議決権行使を行うことができます。本人認証手続を1度行うことは決して時間のかかることではないものの、複数の会社の議決権を有する株主は、議決権行使を行うたびに本人認証を経る必要があり（要因については、一口メモ「議決権電子行使ウェブサイトは1つにできないのか」〔p.139〕参照）、結果として大きな手間となる場合があります。スマートフォンによる議決権行使は、本人認証手続を省くことができるため、このようなネックを解消しているといえます。

図9-3　スマートフォンによる議決権行使を採用した場合の議決権行使書面

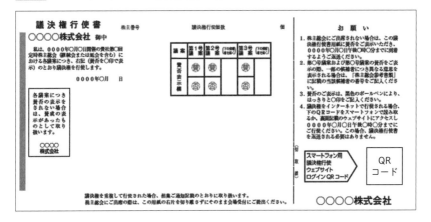

一口メモ │ 議決権電子行使ウェブサイトは1つにできないのか

　機関投資家向けの議決権電子行使プラットフォームはすべての発行会社に関する議決権行使を行うことができる一方、個人向けの議決権電子行使ウェブサイトは株主名簿管理人ごとにそれぞれ開設されています。スマートフォン行使の浸透により利便性は向上していると考えられるものの、電子行使ウェブサイトも1つにまとめてしまい、さらには保有している会社の議決権は個別に本人認証を行うことなくまとめて行使できると、株主にとってより利便性が高まるともいえます。なぜ、このような取組みは進んでいないのでしょうか。

　電子行使ウェブサイトが1つにまとめられない要因として、関係者の契約関係が考えられます。議決権行使の集計は、インターネットに関するものを含め、発行会社が株主名簿管理人に業務を委託し、株主名簿管理人が行うことが一般的です。株主名簿管理人は業務を受託した会社以外の会社の議決権行使の集計を行うことができないことから、結果としてサイトがそれぞれに分散していることとなります。

　保有している株式をまとめて議決権行使できない要因として、株主名簿を作成する制度上の要因が考えられます。上場会社の株式を管理する株式等振替制度においては、株式会社証券保管振替機構が各証券会社において管理されている各個人の株式保有の情報を統合・名寄せし、上場会社ごとの株主の情報を総株主通知として株主名簿管理人に対して定められた基準日ごとに通知します。

株主名簿管理人は会社ごとに株主名簿を管理することとなるため、仮に複数の会社で同姓同名、同一住所の株主がいたとしても、本当に同一人物であるかどうか、判断ができないこととなります。

　商事法務研究会の会社法制に関する研究会では、株主名簿の法定記載事項をどのように考えていくか、という点が検討論点として挙げられており、この中ではメールアドレスの記載を認めることなどが指摘されています（会社法制研究会第1回議事要旨3頁）。このような情報を元に、株主名簿管理人が同一人物であるかどうかを判定し、個人株主が、自身が保有する株式について、まとめて議決権行使手続をとる仕組みの検討が進むことは考えられます。

2　バーチャル株主総会

(1)　総　　論

　インターネット等の手段により、株主総会当日の議事に出席または参加することを可能とする株主総会をいいます。バーチャル株主総会は、物理的な会場の有無や株主権行使の可否により、バーチャルオンリー型株主総会、ハイブリッド出席型株主総会、ハイブリッド参加型株主総会の3つの類型があるとされています（経済産業省・実施ガイド4頁）。

(2)　バーチャルオンリー型株主総会

　取締役や株主等が一同に会する物理的な場所を定めず、インターネット等の手段を用いて、株主総会に会社法上の出席をすることができる株主総会をいいます。会社法上、株主総会を招集する場合には株主総会の場所を決定する必要がある（会298Ⅰ①）ことから、その開催については解釈上難しい面があると考えられていました。他方、新型コロナウイルスの感染拡大により株主を会場に参集させることが難しい状況を受け、産業競争力強化法において場所の定めのない株主総会に関する規律が新たに設けられたことにより、バーチャルオンリー型株主総会を開催することが可能となっています。バーチャルオンリー型株主総会開催のための要件は**図表9-4**のとおりです（産競66ⅠおよびⅡ）。

図表9-4　バーチャルオンリー型株主総会開催のための要件

①上場会社であること
②経済産業大臣および法務大臣の確認を受けていること
　（確認にあたっての規定または充足する必要がある事項）
　ⅰ 場所の定めのない株主総会の議事における情報の送受信に用いる通信の
　　方法に関する事務（ⅱおよびⅲの方針に基づく対応に係る事務を含む）
　　の責任者を置いていること
　ⅱ 通信の方法に係る障害に関する対策についての方針を定めていること
　ⅲ 通信の方法としてインターネットを使用することに支障のある株主の利
　　益の確保に配慮することについての方針を定めていること
　ⅳ 株主名簿に記載または記録されている株主の数が100人以上であること
③株主総会を場所の定めのない株主総会とすることができる旨の定款の定め
　があること
④株主総会の招集決定時において、②の要件を満たしていること

　上場会社がバーチャルオンリー型株主総会を開催することができるのは、定款での規定を行った後に開催する株主総会からとなりますので、将来的にバーチャルオンリー型株主総会を開催する可能性が考えられる場合には、先行して定款変更を行っておくことが考えられます。議決権行使助言会社のISSは、場所の定めのない株主総会の開催を可能とする定款変更は、バーチャルオンリー型株主総会の開催を感染症拡大や天災地変の発生に限定する場合を除き、原則として反対を推奨するとしているため、議案の内容については株主構成も踏まえ、判断する必要があります（2023議決権行使助言基準）。

一口メモ　│　**産業競争力強化法改正直後における対応** ─────────●

　バーチャルオンリー型株主総会を認める産業競争力強化法の改正は、新型コロナウイルスの感染が拡大する状況下、株主が株主総会会場に参集することが難しくなったことを受け、実施されました。他方、上記の通りバーチャルオンリー型株主総会を開催するためには定款変更が必要とされているため、原則通りの対応では、すぐにバーチャルオンリー型株主総会を実施し、株主が実在す

る場所に参集することを回避することができません。そのため、2021年6月
の法改正後2年間に限り、経済産業大臣および法務大臣の確認を受けた上場会
社については、場所の定めのない株主総会とすることができる旨の特例が定め
られ、これにより直ちにバーチャルオンリー型株主総会を開催することが可能
とされました。あくまでも特例としての取扱いであり、法改正後2年を経過し
た後（2023年6月17日以後）は、原則通り定款を変更しなければバーチャルオ
ンリー型株主総会は開催できないこととなっています。

　バーチャルオンリー型株主総会を開催する場合、物理的な場所がなく、イ
ンターネット等の手段で役員や株主間を通信することとなります。居住地等
に関わらず、インターネット環境が準備できれば平等に株主総会に出席が可
能である点はメリットと考えられ、電子提供制度の導入により、議案・事業
報告等の情報を事前に検討し、株主総会に出席するというプロセスをイン
ターネット上で完結することができます。一方で、通信障害等が発生し、審
議が開始できない、途中で回線が切断されてしまったなどの事態が発生した
場合には、株主総会の決議不存在または決議取消というリスクが生じます。
そのため、十分な通信速度の回線を確保しておく、バックアップシステムを
準備しておく、障害が発生してしまった場合の代替開催日を設定しておく、
といった対応を検討しておく必要があります。通信障害により議事に著しい
支障が生じる場合であって、株主総会の議長がその総会の延期または続行を
決定することができる旨の決議を行っていた場合には、議長の決定により延
期が可能となります（産競66Ⅱ）。また、システムが一切稼働せず、株主総会
を開始することすらできない場合にはそのような決議を行う機会がないこと
となりますが、招集通知等において予備日について記載をしておく方法によ
ることが対応の一案として考えられます（北村ほか・座談会Ⅰ10頁）。
　バーチャルオンリー型株主総会は、システム面のコストは生じるものの、
株主総会時の会場周辺の誘導等に関与する人的な負担がなくなり、また、こ
れまで外部会場を借りて株主総会を開催してきた会社にとっては会場料金が
生じないこととなりますので、コストの観点でのメリットが生じることが考
えられます。また、現在のところ、バーチャルオンリー型株主総会を開催す

る事例は限定的であり（2023年6月総会では11社（6月総会会社の0.5%）がバーチャルオンリー型株主総会を実施しています）、十分な事例やノウハウが蓄積されている状況とは言い難いため、事務局の担当者はバーチャルオンリー型株主総会の実施によりどのような場面が想定され、どのような対応をするべきか等のシミュレーションを丁寧に実施する必要が生じます。

このような株主や会社に関連するメリットや留意点を踏まえ、採否について検討する必要があります。

(3)　ハイブリッド出席型バーチャル株主総会

物理的な場所を設けるとともに、インターネット等の手段を用いて、株主総会に会社法上の出席をすることができる（リアルでもインターネットでも出席が可能な）株主総会をいいます。バーチャルオンリー型株主総会と異なり、リアルの株主総会会場が設けられていることから、産業競争力強化法の改正前から実施することが可能な方法と考えられていました。

株主の立場としては、リアル、インターネット双方の出席手段が提供されることとなりますので、自身の都合に合わせて株主総会に出席できるという観点で利便性の高い手段と考えられます。他方、運営する会社の立場としては、リアルの株主運営を行いながら、インターネット出席の株主の動向（質問が出されていないか等）や通信が問題なく維持されているかといった確認を並行して行うことが必要となるため、事務局担当者の追加等により円滑な運営が維持できるよう体制を強化する必要性が考えられます。また、ハイブリッド出席型バーチャル株主総会についてもインターネット等の手段による出席を認めるものですので、通信障害等が生じた場合には、インターネット等の手段により出席した株主は株主総会における権利行使の機会を失う可能性が生じます。これが決議取消事由にあたるかが問題となりますが、ハイブリッド出席型バーチャル株主総会の場合にはリアルの会場に出席するという選択肢があることから、会社が通信障害のリスクを告知し、かつ通信障害の防止のために合理的な対策をとっていた場合には、通信障害により株主が出席できなかった場合においても決議取消事由には当たらないと解することが可能との考えが示されています（経済産業省・実施ガイド14頁）。

一口メモ │ インターネット等による株主総会出席 ──────────●

　バーチャルオンリー型株主総会、ハイブリット出席型バーチャル株主総会はインターネット等の手段で会社法上の出席をすることができるものですが、具体的にどのような取扱いができれば会社法上の出席と認められるでしょうか。

　1つ目の観点として、通信の双方向性・即時性が確保されていることが挙げられます。株主総会は会議体ですので、会社からの報告事項や決議事項の説明の後、質疑応答の形で審議を行い、採決に進む流れとなるため、発言が双方向で即時に伝わることが大前提であると考えられます（バーチャルオンリー型株主総会に関するものとして、場所の定めのない総会Q&A11頁。ハイブリッド出席型バーチャル株主総会に関するものとして、経済産業省・実施ガイド11頁）。

　2つ目の観点として、株主権の行使が可能であることが挙げられ、具体的には質問を行うこと（役員の説明義務（会314））、議決権を行使すること（会309）、株主総会の目的である事項につき議案を提出すること（動議の提出（会304））、代理人による議決権行使を行うこと（会310）が考えられます（動議や代理人による議決権行使を認める範囲について、ハイブリッド出席型株主総会においては、株主にリアル株主総会への出席の機会が与えられていることを踏まえ、リアルでの株主総会に出席する株主に限る運営が考えられるとされています（経済産業省・実施ガイド16頁、22頁）。バーチャルオンリー型株主総会では、インターネット出席の株主にこれらの権利を認める必要があります）。

　なお、リアルの株主総会会場において株主が発言する場合、挙手をし、議長の指名を受けたうえで発言することが一般的ですが、インターネット等の手段による場合には質問や動議をテキストメッセージで受け付けることとしても、そのことをもって双方向性や即時性が失われるものではないと考えられています（場所の定めのない総会Q&A11頁）。実際のバーチャル株主総会でもそのような方法で議長が認めた時間内でメッセージ送信を受け付け、質疑対応の場面で議長が質問を取り上げ、口頭で回答を行うという運営が一般的となっています。ただし、このようなテキストメッセージで質問等を受ける運営は、会社が質問等の内容を確認した上で、どの質問等に回答するかを決定し、議場に説明することとなります。そのため、質問等の選別過程で会社にとって都合の悪い質問等を恣意的に排除することが可能になることから、株主総会の運営をより透明化するため、合理的な内容の質問選別基準を事前に作成しておくことが望ましいとの指摘もあります（デジタル株主総会303頁）。

(4)　ハイブリッド参加型バーチャル株主総会

　物理的な場所を設け、リアルで株主総会を開催するとともに、インターネット等の手段を用いて、会社法上の出席を伴わずに審議等を確認・傍聴することができることとする株主総会をいいます。インターネット等の手段により参加する株主は、株主総会において質問や議決権行使は認められないこととなりますが、会社が株主総会でどのような説明をしているのか、会場に出席した株主がどのような発言を行い、会社がどのような回答をしているのかを把握する機会となるため、株主にとって情報を得る機会が拡大するものと考えることができます。

　ハイブリッド参加型バーチャル株主総会の運営として、インターネット等の手段で参加する株主に対して、コメントの送信が行えるような機能を付与し、多くの株主にとって関心が高いと考えられるコメントを、会社が自発的に取りあげ、回答する事例も見られます。会社法上認められている権限と同視することはできないまでも、株主からの声を広く取り上げることにより株主重視の姿勢を示すことが可能になっていると考えることができます。

　また、インターネット等の手段で出席を認めるものではないため、通信障害等が生じ、株主に参加の機会を提供することができなかったとしても、これを理由に株主総会決議が取り消される現実的なリスクはないとの考えが示されています（澤口＝近澤・バーチャル総会199頁）。

(5)　バーチャル株主総会導入による株主・投資家とのコミュニケーションの促進

　上記のとおり、物理的な会場が設けられているか、株主としての権利行使が認められているかといった差異があるものの、バーチャル株主総会はこれまで居住地からの距離や時間的・身体的制約により会場を訪れることに支障があった株主が株主総会の審議に接することができる手段であるということができます。また、ハイブリッド参加型バーチャル株主総会については、会社法上の出席を認めるものではないため、その参加対象を株主以外の投資家とすることも考えられます。このような運営とすることで、株主総会は株主に限らず、投資家全般に対して広く会社の考え等を発信し、意見を聞くコ

ミュニケーションの場として捉えることも可能となります。ただし、参加対象を広く認めるほどに参加者が増え、通信量が増大することが考えられ、強固なサーバーを構築する必要が生じるなど、準備の観点で追加的な検討が生じることが想定されます。

3 事前質問の受付

(1) 総　論

　株主総会に先立って、株主から会社に対して通知される質問を、一般的に事前質問といいます。役員には株主総会における説明義務（会314）が規定される一方、回答を拒絶することが認められる場合も規定されています（会314但書、施規71）。その中で、株主が株主総会の日より相当の期間前に質問を会社に対して通知していた場合は、説明のために調査をすることが必要であることを理由に回答を拒絶することができないため（施規71①イ）、事前質問がなされることがありました。事前質問は株主総会に先立って行われる事前通知であり、質問そのものではないため、事前質問を提出した株主が株主総会当日に欠席し、または出席しても株主総会で質問をしなければ質問はないこととなり、役員がこれについて説明することは義務ではないと考えられています（東京地判平成元・9・29判時1344号163頁）。

　このように、これまでの株主総会実務では、事前質問は仮に株主総会当日に質問がなされれば回答ができるように準備をしておく、という受け身的な立場で捉えられることが多いものでした。しかしながら、事前質問は株主総会に先立って広く株主の関心を収集するものと位置付けることも可能であり、近時では会社側が積極的に受け付けようとする実務が見られるようになっています。

(2) インターネットでの事前質問の受付

　会社が積極的に事前質問を受けようとする場合、株主から書面で受け付けることは社内での内容の連携等の観点から不都合が生じます。そのため、自社ホームページ等において質問を受け付けるフォームを用意し、電子提供措

置開始後、一定期間事前質問を受け付ける運営とする会社が見られます。株主としても紙面の準備や郵送を行う手間を省くことができますし、会社にとっても質問入力フォームに字数制限を設ける等により、いたずらに長文の質問を回避し、端的な内容の質問を受け付けることができることとなり、双方にとってメリットがある運営と考えられます。このような事前質問は、株主総会直前まで受付を行う場合、株主総会当日までに十分な回答準備が終えられない可能性があるため、例えば株主総会の1週間前など、ある程度株主総会までの日数を確保したうえで、事前質問を締め切ることが一般的です。

　積極的に受け付けた事前質問であっても、法律上の位置付けは(1)に記載のとおり事前通知であることに変化はありませんので、必ずしもすべての質問に積極的に回答する必要は生じません。多くの株主から重複して寄せられた質問がある場合、株主にとって共通の関心事と捉えることができますので、そのような質問については当日の質問を待つことなく、積極的に回答する議事運営とすることで、株主総会をスムーズに進行しつつ、株主にとっても聞きたいことを聞けたという満足感を有する期待が高まるといえます。

(3)　バーチャル株主総会との連携

　インターネットでの事前質問の受付は、特にハイブリッド参加型バーチャル株主総会と関連させることで、より有効に活用することができるといえます。ハイブリッド参加型バーチャル株主総会の場合、インターネット等の手段により参加する株主は、株主総会当日に質問を行うことは認められません。ただし、事前に招集通知等の内容を検討し、事前質問を行うことで、会社の判断により事前質問が必ず取り上げられるわけではないものの、株主総会当日に発言することに近い効果が期待できます。質問に対する会社の回答を踏まえて議決権行使判断を行いたい、という考えを有する株主にとっては完全に満足できる対応とは言い難い面がありますが、インターネットを通じ、場所を問わずに招集通知の閲覧、議決権の行使、質問、株主総会の視聴ができるということは多くの株主にとって有益なものと考えられ、採用が進んでいます。2023年6月に株主総会を開催した会社のうち、ハイブリッド参加型バーチャル株主総会を開催した会社は394社でした。このうち、イン

ターネットでの事前質問の受付を実施した会社は199社、採用割合は50.5％となっています。前年同期の採用割合は40.6％であり、採用割合が増加していることがうかがえます。

　また、ハイブリッド参加型バーチャル株主総会で、当日にコメントを送信する機能を認める場合（**2**(4)〔p.145〕参照）にも、当日の発言を認めることに近い効果があるものといえます。この場合は、事務局が事前に回答の内容を検討する時間が十分に確保できるわけではない点が留意点であり、どのような機能を提供するかを判断するに当たっての1つの検討点といえます。

(4)　受け付けた事前質問の取扱い

　会社が積極的に受けたものではあるものの、事前質問としての位置付けは(1)で述べたものと変わりはありませんので、株主総会当日にどの事前質問について回答するかは会社が判断することとなります。このような判断は株主総会の限られた審議時間を有効に活用する観点から必要であるといえますが、会社にとって都合の悪い質問については恣意的に回答しないといった運営を想起させる可能性もあります（バーチャル株主総会における質問の取扱いについても同様の論点があることについて、一口メモ「インターネット等による株主総会出席」〔p.144〕参照）。バーチャル株主総会において当日テキストデータで送信された質問のうち、取り上げられなかった質問に関しては、株主総会の運営をより透明化し、株主との対話を深化させる観点から、株主総会終了後の適切な時期に、事後的に、株主総会で取り上げなかった質問のうち株主からの関心が高いのではないかと客観的に推測されるものについては、それに対する回答と併せて会社のホームページ等で開示することも有益であるとの指摘が見られます（デジタル株主総会304頁）。事前質問に関しても同様に取り扱うことも、同じく有益なものと考えられます。

4　株主総会情報を提供する取組み

(1)　総　論

　これまで見てきた株主総会に関連する各種手続は、様々な関係者によって

提供されています。電子提供措置は自社ホームページや金融商品取引所のサイトのほか、印刷会社や株主名簿管理人などが提供するサービスを利用して実施することができます。議決権行使は、インターネットによる手段であれば株主名簿管理人が提供するサイトで実施し、書面による場合は株主名簿管理人あてに議決権行使書を返送することが一般的です。株主総会当日、バーチャル株主総会により出席・参加しようとする場合には、発行会社が指定するサイトにアクセスし、出席・参加することとなりますが、このようなサイトも外部のシステムベンダーにより提供されることが一般的です。企業側から見れば、招集通知の閲覧、議決権行使、株主総会への出席・参加のプロセスはすべてインターネットで提供できるようになったと説明することができる一方、場合によってはすべて異なるベンダーによってサービス提供され、株主側から見たときにはそれぞれ異なるサイトにアクセスし、それぞれが定める認証手続を経て手続を行う、ということにもなりかねません。サービスの受け手である株主にとって、利便性の高い形でこれらが提供されることが望まれます。

(2)　日本におけるサービス提供に関する課題指摘

　電子提供制度が開始される以前のものではありますが、株主総会プロセスにおける電子化を促すために経済産業省において設置された研究会では、日本においては株主総会に関連する情報をメール等で通知するサービスについて、議決権行使と連携しているサービスは確認できていない、と指摘されていました（経済産業省・電子化促進研究会報告書92頁）。併せて諸外国においては１つのサイトで株主総会情報（招集通知等）の閲覧、議決権の電子行使（株主が保有する銘柄は、口座情報によって紐づけられており、他の保有銘柄についても議決権を行使できる）、株主総会のネット中継の閲覧などが可能となっており、日本においても個人株主の利便性向上等のため、招集通知関連書類等の情報受取や議決権の電子行使が一括で行えるようなプラットフォームを創設すべきではないか、との指摘がされていました（経済産業省・電子化促進研究会報告書99頁）。(1)で述べた株主総会に関する手続を１つのサイトで行えるようにすること、口座情報の紐づけを行い、保有銘柄をまとめて手続できるようにする

ことが課題として挙げられたものと言えます。

─口メモ│**新型コロナウイルス感染症とインターネットの活用** ─────●

> 上記研究会における報告書が取りまとめられた翌年から、電子提供制度に関する法改正の検討が開始されています。発行会社の株主総会プロセスを含む、対話全般を支援する関係者である対話支援産業では、電子提供制度に対応するために必要なシステム上の機能の検討に当たり、株主総会に関する手続を1つのサイトで行えるようにするという観点での検討も併せて行ってきました。このような流れに加えて新型コロナウイルス感染症が拡大し、議決権行使や株主総会の出席・参加においてインターネットの活用が一層進んだことを受け、制度改正があるため、対応せざるをえない、という必要性だけでなく、株主のニーズとしてもこのようなプラットフォームが構築されることへの期待感が高まったものと言えます。

(3)　現在のサービス提供の状況

　サービスの一例として、対話支援産業の1つである株主名簿管理人においては、以下のような形で要請の一部を実現しています。なお、株主は自発的に発行会社のホームページや金融商品取引所のサイトにアクセスすることで、発行会社の電子提供措置事項を遅くとも株主総会の日の3週間前の日から確認することができますが、株主総会開催日を事前に正確に把握する方法は決算短信を確認するなど限られたものとなるため、アクセス通知の受信を起点として説明します。

　アクセス通知は、遅くとも株主総会の日の2週間前に発行会社から議決権を有する株主に送付されます。株主はアクセス通知を確認することにより、電子提供措置がどのURLにおいて行われているか、確認することができます。発行会社は電子提供措置を行うサイトの1つとして株主名簿管理人が提供するサイトを指定し、アクセス通知に記載します。

　上記サイトは株主名簿管理人が提供するものですので、議決権行使サイトとの連携が容易です。議決権行使書面に電子提供措置をとるサイトのQRコードを印刷しておき、それを読み取ることで株主としての認証が完了し、

電子提供措置事項の閲覧および議決権行使の双方が行えます。

　バーチャル株主総会を開催する会社の場合、このサイトからバーチャル株主総会のサイトに遷移することも可能となっています。また株主としての認証は完了していますので、別途認証手続を経る必要がありません。

　このような株主総会に関連するサービスにアクセスすることができる、いわゆるポータルサイトの提供により、株主は利用したいサービスごとに別々のサイトにアクセスする手間が解消されます。経済産業省の研究会で指摘された課題の一部について対応が行われている、ということができます。

⑷　株主総会の今後のさらなるデジタル化展望

　これまで見てきたように、電子提供制度の導入や技術の進展により、株主総会を取り巻く各種手続について、インターネットを経由して実施することができる範囲は拡大を続けています。また、新型コロナウイルス感染症の拡大もあり、議決権行使を中心に、インターネットの活用を進める企業は大きく増えたといえます（本章で紹介したスマートフォンによる議決権行使の採用率は、2019年末時点では23%（551社）に留まっていました）。株主総会は招集の手続または決議の方法が法令もしくは定款に違反し、または著しく不公正である場合等にはその決議の取消しを請求することができること（会831Ⅰ）からは、堅牢なシステムを前提に実施されるべきものであるといえ、最新の技術を即座に反映させることが難しい面もありますが、これまで触れてきたような取組みを実現する動きがさらに進むことが想定されます。

　また、株主総会におけるインターネットの活用が一定程度進んだことを踏まえ、過去に検討・提案された事項について改めて検討することも一案といえます。会社法改正の検討の中で、議決権の事後集計（株主総会における投票結果を集計できるようにするため、株主総会の閉会後に開票をすることが可能とする）、事後投票（株主総会に出席しなかった株主であっても議案等に関する説明や質疑を踏まえて議決権を行使できるようにするため、株主総会閉会後一定期間内に議決権行使の投票を行うこととすることを可能とする。また、株主総会までは議案等に関する説明や質疑のみを行い、議決権行使は、あらかじめ定めた期日までの書面の郵送および電子的手続のみとすることを可能とする）について提案されたことがあります（経済産業省・今後

の企業法制40頁。なお、本提案の中では、バーチャル株主総会（「インターネット中継」または「サイバー総会」と記載）の実施についても言及）。このような制度が導入されると、株主にとっては議決権行使が可能な期間が延びると共に、株主総会の審議内容も踏まえ議決権行使内容を慎重に検討することが可能となり、会社にとっては個人株主を中心として、議決権行使を促す機会になるということができます。これらを実現するためには議決権行使の効率的・正確な処理が必要であり、インターネット等の電磁的な方法と親和性が高く、現在のインターネット行使の採用状況を踏まえると、改めて検討することも意義のあるものといえそうです。株主総会を通じて会社と株主のコミュニケーションを促進すべく、制度も含め更なる環境整備が進むことが期待されます。

第10章 | 株主総会終了後の対応

1 概　要

　従来からの株主総会終了後における実務対応としては、株主宛て送付する決議通知、株主総会議事録の作成、取締役会・監査役会等の開催、各種書類の備置き、有価証券報告書など金融商品取引法に基づく提出・開示、証券取引所の上場規則に基づくコーポレート・ガバナンス報告書の提出・開示、登記などが挙げられます。

　電子提供制度下の株主総会においては、株主総会終了後もなお、株主総会資料を自社のウェブサイト等に継続的に掲載することとなります。従来からの株主総会終了後における実務対応については、原則として直接に影響を受けるものは想定されていませんが、決議通知および株主総会議事録の作成については、若干の留意点があります。また、インターネット等を活用した株主総会においては、議事録の作成に際してもそれに対応した形での記載が求められます。

2 電子提供措置の継続

　株主総会資料の電子提供措置期間は、株主総会の日の３週間前の日または株主総会の招集の通知を発した日のいずれか早い日（電子提供措置開始日）から株主総会の日後３か月を経過する日までの間となります（会325の３Ⅰ柱書）。総会終了後もなお、株主総会資料を自社のウェブサイト等に継続的に掲載することとなります。

　電子提供措置期間のうち、株主総会の日までの期間に関しては、株主総会の招集の手続として株主総会参考書類等の内容である情報について電子提供措置をとることが求められています。他方で、株主総会終了後の電子提供措置をとることが求められる趣旨は、これとは異なります。かかる趣旨は、電子提供措置事項に係る情報が株主総会の決議の取消しの訴えに係る訴訟において、証拠等として使用される可能性があるから、少なくとも、当該訴えの出訴期間（株主総会の決議の日から3か月以内。会831Ⅰ柱書）を経過する日までは、ウェブサイトに掲載されている必要があることによるものです（竹林ほか・解説9頁、一問一答23頁）。

　そのため、株主総会の日後に電子提供措置の中断が生じた場合には、株主総会の招集の手続が法令に違反したときには該当せず、その電子提供措置の中断が当該株主総会の決議の取消事由となることはないと解されています（一問一答42頁）。もっとも、適法な電子提供措置を行わなければ、過料に処され得る（会976⑲）ため、留意が必要です。

3　株主総会終了後の株主宛て送付物（決議通知、株主通信等）の取扱い

　会社のウェブサイトにおいては、株主総会関連の情報を任意掲載する例が多く見受けられますが、電子提供制度実施後においても、法定の電子提供措置事項以外の情報を任意掲載するという実務が定着しつつあります。

　従来からの株主総会終了後の実務としては、株主総会における報告事項の報告および決議の結果等について、決議通知という形で書面をもって株主宛て送付することが多く、2023総会白書159頁によれば、回答した上場会社1,979社のうち1,299社（65.6%）の会社で書面送付されています。加えて、株主通信等を同封するケースも見られ、2023総会白書159頁によれば、回答した上場会社1,979社のうち718社（36.3%）の会社で書面送付されています。すでに多くの会社においては、決議通知の内容を会社のウェブサイトに任意掲載していますが（全株懇・2023年調査報告32頁によれば、決議通知の内容を会社のウェブサイトに任意掲載する会社は83.3%となっています。）、その傾向が今後も一層強まることが推察されます。

　電子提供制度における電子提供措置とアクセス通知との対応関係に置き換えて考えるのであれば、株主総会終了後に決議通知や株主通信等の内容を会社のウェブサイトに任意掲載し、株主宛てに決議通知や株主通信等を自社ウェブサイトに掲載した旨の通知書面（はがきでの送付も可）を送付することが考えられます（塚本＝中川・電子提供181～182頁）。

　また、印刷や郵送に伴う時間や費用等のコスト削減や、早期の情報提供といった電子提供制度の趣旨をこの場合にも及ぼし、決議通知の内容を会社のウェブサイトに任意掲載したうえで、書面をもって株主宛て送付することを取りやめることも考えられます。全株懇・2023年調査報告32頁によれば、自社ウェブサイト掲載のみとする会社が29.4％あります。なお、そのような形を採用する会社のなかには、決議の結果をウェブサイト上に掲載する旨をあらかじめ招集通知等に記載しておく例も見られます。

　たとえば、会社法459条１項に基づく定款の定めにより、剰余金の配当等を取締役会決議のみをもって実施できる会社においては、配当関係書類を株主総会後ではなく、それ以前の招集通知（アクセス通知）に同封して送付することができます。そうすると、株主総会後に配当関係書類を送付する必要がなくなることから、コスト削減の観点からも、決議通知や株主通信等の内容を会社のウェブサイトに掲載したうえで、書面の発送を取りやめるという選択肢が採り得るわけです。

　他方で、剰余金の配当等を株主総会決議によって実施する会社においては、株主総会終了後に配当関係書類の送付が必要となるため、すべての株主宛て送付物の送付を取りやめることができません。そのため、分量が少ない決議通知は引き続き書面をもって作成し、配当関係書類と同封のうえ株主宛てに送付することが多いものと思われます（塚本＝中川・電子提供181～182頁）。

一口メモ｜株主総会終了後の株主宛て送付物

　株主総会終了後の株主宛て送付物としては、決議通知、配当関係書類、株主通信等があります。
　決議通知は、法律上の義務ではなく実務慣行として、多くの会社において書

面の送付をもって実施されています。株主総会当日に出席し決議の結果等を把握している株主は、全体のごく一部に限られることから、招集通知（アクセス通知）が送付されていない単元未満株主を含め、株主総会における報告事項の報告および決議の結果等を周知するための手段の一つとなっています。

　剰余金の配当等を株主総会決議によって実施する会社においては、配当関係書類として、銀行窓口で資金化できる「配当金領収証」または配当金の振込口座に関する「お振込先について」のほか、税法上送付が義務付けられている「配当金計算書」も同封されるのが通例です。

　また、「株主通信」、「報告書」、「○○レポート」等、各社によって名称も内容もさまざまですが、法律上の義務ではなく実務慣行として、主に計算書類や事業報告等のサマリーを掲載した書類を同封するケースが見られます。招集通知（アクセス通知）が送付されていない単元未満株主を含め、広くIR・SRの観点から、また会社製品やサービス情報に関するPRの要素なども盛り込むなどして、会社の事業についてわかりやすく伝える工夫が随所に見受けられます。

　その他の株主宛て送付物としては、株主優待券、株主向けアンケート等を同封する例もあります。

4　株主総会情報の自社のウェブサイト等への掲載

　従来からの株主総会終了後における実務対応として、多くの会社においては株主総会情報を自社のウェブサイト等に掲載しています。たとえば、前述の決議通知や議決権行使結果の掲載をはじめとして、株主総会において報告した報告事項の動画・資料、質疑応答部分のテキスト（文字情報）、事前に募集した質問に関するＱ＆Ａ等を掲載する例が見られます。

　2023総会白書64～65頁によると、回答会社1,979社中、「決議通知を掲載」が1,535社（回答会社全体の77.6％）、「（総会後に）議決権行使結果（臨時報告書、適時開示資料等）を掲載」が869社（同43.9％）となっています。その他の取組みとしては、「報告事項の動画を掲載」が342社（同17.3％）、「報告事項の資料を掲載」が132社（同6.7％）などとなっています。

　電子提供制度下の株主総会においては、株主総会終了後もなお、株主総会

資料を自社のウェブサイト等に継続的に掲載することとなります。法定の取扱いに加え、上記のような株主総会情報を任意に掲載することは、株主に対する情報提供の充実化に資することはもちろんのこと、広く一般投資家に向けても、会社が開かれた株主総会を志向することを印象づける側面もあります。電子提供制度と相まって、今後の任意の取組みが進展することが期待されます。

5　電子提供制度下における株主総会議事録

(1)　株主総会議事録の記載事項

　株主総会の議事については、議事録を作成しなければなりません（会318Ⅰ）。株主総会議事録には、**図表10-1**の事項を記載する必要があります（施規72Ⅲ）。

図表10-1　株主総会議事録の記載事項（施規72Ⅲ）

①株主総会が開催された日時および場所（1号）
②株主総会の議事の経過の要領およびその結果（2号）
③監査役、監査等委員である取締役または会計監査人等より、株主総会において述べられた意見または発言があるときは、その意見または発言の内容の概要（3号）
④株主総会に出席した取締役、監査役または会計監査人の氏名もしくは名称（4号）
⑤株主総会の議長がいるときは、議長の氏名（5号）
⑥議事録の作成に係る職務を行った取締役の氏名（6号）

　上記の記載事項については、電子提供制度実施時においても同様です。
　もっとも、「② 株主総会の議事の経過の要領およびその結果（2号）」については、留意が必要です。
　議事の経過については、株主総会の意思決定の過程を明らかにするために、報告や説明、質疑応答、意見の内容が他人が理解できる程度に記載され、そして、決議の効力の関係においても問題はないと形で議事が進行され

たことがはっきりとわかるようにする必要があるものの、逐一詳細に（たとえば速記録の形で）記載する必要はなく、それらを要約したものでよいとされています（稲葉ほか・議事録作成12〜13頁）。

　実際の議事においては、報告事項や決議事項の内容が大部にわたるため、株主総会資料の記載を参照することでその一部を省略することが通例ですが、その場合には議事録上も同様に当該資料を参照する形で記載することになります（議事録作成ガイドブック32頁）。この点、**図表10-2**「定時株主総会議事録記載例（一括審議方式の場合）」の（※）の部分「別添の「第〇回定時株主総会招集ご通知」〇頁」については、議事録に当該資料を添付することを前提として、当該資料のうち該当する頁番号を記載することを想定しています。

　なお、株主総会会場における運営として、書面の配布を実施せず出席株主の手元に書類がない場合の議長の議事要領（シナリオ）については、第 8 章の**図表8-4**のとおり、「当社ウェブサイト掲載の招集ご通知〇頁」といったように掲載資料を参照する（p.121〜122）ことも考えられます。議事録において、このような議長の議事要領（シナリオ）の言い回しをそのまま記載する場合には、たとえば**図表10-2**「定時株主総会議事録記載例（一括審議方式の場合）」の（※）の部分「別添の「第〇回定時株主総会招集ご通知」〇頁」を「当社ウェブサイト掲載の招集ご通知〇頁」といったように改めることが考えられます。

　以上のとおり、作成した株主総会議事録には、株主総会において報告・説明した各資料を添付することが考えられます。そのため、電子提供制度のもとで一般の株主に送付したものに限らず、自社ウェブサイト等に掲載した電子提供措置事項や、書面交付請求した株主に交付した書面も添付の対象となりえます。

図表10-2　定時株主総会議事録記載例（一括審議方式の場合）

第○回（期）定時株主総会議事録

1．開催日時　○○○○年○月○日（○曜日）午前○時
2．開催場所　東京都○○区○○町○丁目○番○号　当社本店○階会議室
3．出席株主数および議決権数
　　議決権を行使することができる株主の数　　　　　　　　○,○○○名
　　その議決権数　　　　　　　　　　　　　　　　　　○○○,○○○個
　　本日出席の株主数（事前行使によるものを含む）　　　　○,○○○名
　　その議決権数　　　　　　　　　　　　　　　　　　○○○,○○○個
4．出席した取締役および監査役
　　出席取締役　　○○○○、○○○○、○○○○、……および○○○○の○名
　　出席監査役　　○○○○、○○○○、○○○○、……および○○○○の○名
5．株主総会の議長　　代表取締役社長○○○○
6．議事の経過の要領およびその結果
　　定刻、取締役社長○○○○は、定款第○条の定めに基づき議長席に着き開会を宣した後、議長は、株主の発言は報告事項の報告および決議事項の上程が終了した後に受け付ける旨述べた。
　　その後、議長は、出席株主数および議決権数について事務局から報告させ、本総会の各議案の決議に必要な定足数を満たしている旨を述べた。

報告事項
1．第○期（○○○○年○月○日から○○○○年○月○日まで）事業報告の内容、連結計算書類の内容ならびに会計監査人および監査役会の連結計算書類監査結果報告の件
2．第○期（○○○○年○月○日から○○○○年○月○日まで）計算書類の内容報告の件

　　議長が連結計算書類の監査結果を含め監査役に監査報告を求めたところ、常勤監査役○○○○から、当事業年度の監査結果は（※）別添の「第○回定時株主総会招集ご通知」○頁の監査役会の監査報告書に記載のとおりである旨の報告がなされた。また、連結計算書類の監査結果について、同じく（※）○頁から○頁の会計監査人および監査役会の監査報告書に記載のとおりである旨の報告がなされた。
　　続いて、議長から、事業報告、連結計算書類および計算書類の内容について（※）別添の「第○回定時株主総会招集ご通知」○頁から○頁に基づき報

告し、引き続き、各議案の上程およびその内容の説明に入った。

決議事項
第 1 号議案　剰余金の処分の件
　議長から、経営体質の強化と今後の事業展開等を勘案して、内部留保にも意を用い、当社をとりまく環境が依然として厳しい折から、期末配当を、普通株式 1 株につき金○円、総額○○○円、配当の効力発生日を○○○○年○月○日とするとともに、将来の積極的な事業展開に備えた経営基盤の強化を図るため、繰越利益剰余金を○○○円取り崩し、同額を別途積立金に振り替えたい旨を説明した。

第 2 号議案　取締役○名選任の件
　議長から、取締役○名全員は本総会終結の時をもって任期満了となるので、新たに（※）別添の「第○回定時株主総会招集ご通知」○頁から○頁に記載の取締役候補者○名を取締役に選任したい旨を説明した。

（以下略）

　次いで、議長は本日の株主総会の運営方法としては、報告事項および決議事項についての審議を一括して行うことを説明した後、出席株主に質問を求めたところ、株主○○○○氏から……の件について質問があり、議長から、……の回答がなされた。その他に質問はでなかったので、以上をもって報告事項および決議事項についての質疑を終了し、各議案の採決に入った。

第 1 号議案　剰余金の処分の件
　議長は、本議案につき採決を求め賛否を諮ったところ、出席株主の議決権の過半数の賛成をもって原案どおり承認可決された。

第 2 号議案　取締役○名選任の件
　議長は、本議案につき採決を求め賛否を諮ったところ、出席株主の議決権の過半数の賛成をもって原案どおり承認可決された。

（以下略）

　以上をもって、報告事項および決議事項のすべてが終了したので、議長は午前○時○分閉会を宣した。

　ここに議事の経過の要領およびその結果を明確にするため、本議事録を作成する。

○○○○年○月○日

　　　　　　　　　　　　　　　　　　　　　○○○○株式会社
　　　　　　　　　　　　　　　　　議事録の作成に係る職務を行った取締役
　　　　　　　　　　　　　　　　　　代表取締役社長○○○○㊞

一口メモ │ 株主総会議事録の作成と備置き ─────────────●

　株主総会議事録の作成の目的は、株主総会の議事の経過の要領およびその結果を明らかにして、記録することです。その法的意義は、①登記すべき事項につき株主総会等の決議を要する場合において、その登記申請に際して添付する場合（商登46Ⅱ）、②株主および債権者等による閲覧・謄写の請求がなされる場合（会318Ⅳ・Ⅴ）、③株主総会決議の取消しの訴え（会831）等が提起された際に、議事進行や決議の方法に瑕疵がないかなど、訴訟上の証拠資料となる場合に備えることにあります。

　このうち、②の株主および債権者等による閲覧・謄写の請求がなされる場合に備えて、株主総会議事録を株主総会の日から10年間本店に、その写しを5年間支店に備え置かなければなりません（会318Ⅱ・Ⅲ）。

⑵　株主総会当日の運営においてインターネット等を活用した場合の記載

　会社が株主総会当日の運営上、インターネット等を活用した場合においては、上記**5**⑴の**図表10-1**（p.157）のうち、「① 株主総会が開催された日時および場所（1号）」との関係において留意が必要です。

　会社法施行規則72条3項1号においては、上記①に続けて、「（当該場所に存しない取締役（監査等委員会設置会社にあっては、監査等委員である取締役またはそれ以外の取締役）、執行役、会計参与、監査役、会計監査人又は株主が株主総会に出席した場合における当該出席の方法を含む。）」と規定されています。通常であれば、上記①のとおり株主総会の日時および開催場所を記載すれば足りますが、株主総会の開催場所に来場しない出席者がいる

場合には、その出席方法を記載しなければなりません。たとえば、会社の役員が会場以外の別の場所からリモートで出席した場合や、第 9 章において説明したバーチャル株主総会を実施した場合においては、それに対応した特別な記載が必要となります。

　なお、バーチャルオンリー型株主総会を実施した場合においては、産業競争力強化法に基づく場所の定めのない株主総会に関する省令（令和 3 年法務省・経済産業省令第 1 号）5 条 3 項 1 号に基づき、上記①の「場所」およびかっこ書に規定する場所に存しない場合の「出席の方法」の記載に代えて、「株主総会を場所の定めのない株主総会とした旨」および「通信の方法」（通信障害対策の方針およびインターネットの使用に支障のある株主の利益確保への配慮の方針に基づく対応の概要を含みます。）を記載する必要があります（記載例として、デジタル株主総会359〜361頁参照）。

　また、上記**5**(1)の**図表10-1**のうち、「② 株主総会の議事の経過の要領およびその結果（2 号）」との関係においても留意が必要です。ここでは、株主総会のシナリオに対応した記載をし、会社から株主に対して報告・説明した事項や、株主総会に提案された各議案が適法に承認可決されたという結果を明確に記載します。質疑応答や動議があった場合には、これらを追記します。そのため、いわゆるハイブリッド出席型バーチャル株主総会またはバーチャルオンリー型株主総会を実施した場合においては、インターネット等の手段により出席した株主との質疑応答等についても記載することになります（記載例として、デジタル株主総会244〜245頁・361〜362頁参照）。

　なお、ハイブリッド参加型バーチャル株主総会を実施した場合においては、株主から事前コメントや当日のコメントを受け付け、株主総会の中でこれを紹介し、答弁した事実があれば、議事の経過の要領の参考情報として、議事録に記載しておくことが考えられます（議事録作成ガイドブック95頁。記載例として、デジタル株主総会147頁参照）。

事項索引

○執筆者一覧

三井住友信託銀行株式会社
ガバナンスコンサルティング部

加藤 佳史
川瀬 裕司
清瀬 緑
谷野 耕司
寺岡 隆樹
長澤 渉
浪波 健二
牧村 卓哉
松原 嵩晃
山﨑 隆史
吉田 陽祐
渡邉 健太郎

わかりやすい 電子提供制度と株主総会の実務

2024年2月20日　初版第1刷発行

編　者	三井住友信託銀行 ガバナンスコンサルティング部
発行者	石 川 雅 規

発 行 所　　鸞商 事 法 務

〒103-0027 東京都中央区日本橋3-6-2
TEL 03-6262-6756・FAX 03-6262-6804〔営業〕
TEL 03-6262-6769〔編集〕
https://www.shojihomu.co.jp/